# MEHR ALS PIZZA!

## DIE NEUE STUDIKÜCHE – ABER GESUND!

PROF. DR. DOROTHEA PORTIUS

ISABEL LAMMERT · ANTONIA MÖSE · SOPHIE JURTZ

MAXIMILIAN BLOCHBERGER-CLAUS

FRIEDRICH FREIESLEBEN

FOTOGRAFIN: COCO LANG

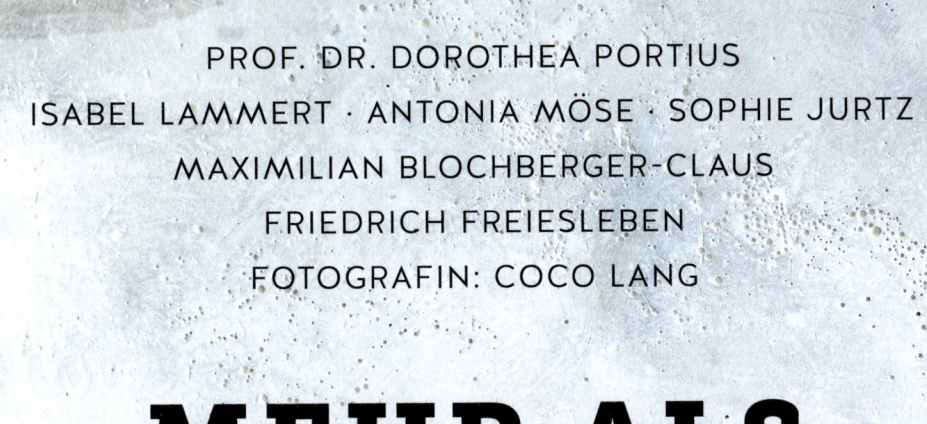

# MEHR ALS PIZZA!

## DIE NEUE STUDIKÜCHE – ABER GESUND!

# INHALT

*Vollkorn-Sandwich mit Ei auf S. 94*

*Sommerrollen mit Räucherlachs auf S. 63*

# EIN LEERER MAGEN STUDIERT NICHT GERN

*Als Studierende haben wir echt viel zu tun: Studium, Praktika, Nebenjob und Hobby … da ist die Mikrowelle schnell das Lieblingsgerät in der Küche und der Lieferdienst das wichtigste Lesezeichen im Browser. Für recht viel mehr bleibt im Alltag ganz einfach keine Zeit. Oder?*

Wir wissen ja ganz genau, dass Fertigpizza oder der schnelle Döner nicht die beste Alltagsernährung sind. Oft übersehen wir aber vor lauter Stress das Potenzial unserer Ernährung: Es geht um viel mehr, als einfach unseren Körper mit notwendiger Energie zu versorgen. Lebensmittel beeinflussen unsere körperliche und geistige Leistungsfähigkeit durch eine enge Verknüpfung mit wichtigen emotionalen und sozialen Aspekten unseres Alltags. Das heißt: Gerade im Studium, wenn wir geistig immer voll auf der Höhe sein sollen und wollen, können wir über unsere Ernährung echt viel tun.

Wir, Studierende der Ernährungstherapie und -beratung der SRH Hochschule für Gesundheit am Campus Gera, denken, dass dieses Potenzial in den intensiven Lebens-Jahren junger Menschen ziemlich unterschätzt wird. Wir wissen, der Studierendenalltag bringt seine ganz eigenen Herausforderungen mit sich: Prüfungsstress, der Tag nach der Party oder der letzte Tag im Monat, wenn die Kasse einfach leer ist. Für all diese Situationen haben wir spezielle Rezepte entwickelt, die dich optimal unterstützen. Sie sind meist schnell gekocht und geben dir die Energie und Nährstoffe, die du wirklich brauchst. Außerdem liefert dir dieses Buch einen kurzen Überblick darüber, was eine optimale Ernährung ausmacht, und du findest kleine Tipps bezüglich Bewegung und Stressmanagement. Denn nur wenn du weißt, was gesunde Ernährung eigentlich bedeutet, kannst du sie auch im Alltag erfolgreich umsetzen.

Ganz egal, welchen Teil des Buchs du zuerst entdeckst – du kannst bestimmt einiges mitnehmen, um deinen Studienalltag lecker und nahrhaft zu gestalten. Viel Spaß beim Lesen und Ausprobieren!

# DIE DREI SÄULEN DER GESUNDHEIT

*Dass Nahrungsmittel unsere Heilmittel sind, wusste Hippokrates schon 400 v. Chr. Die Ernährung sollte aber nicht erst dann ins Spiel kommen, wenn du schon auf die Medizin angewiesen bist. Denn zusammen mit Bewegung und deinem psychischen Zustand bildet sie die Säulen, die das Dach unserer Gesundheit tragen.*

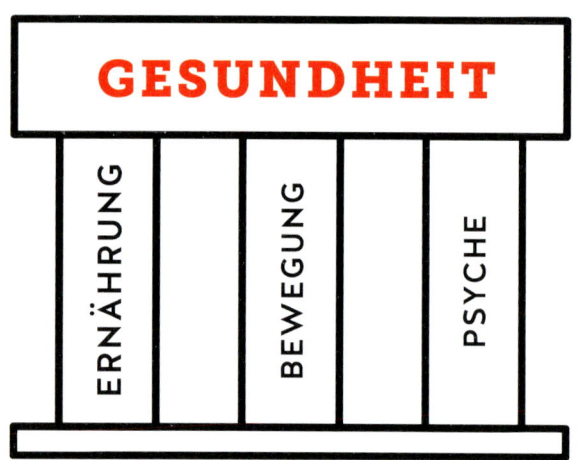

*Unsere Gesundheit hängt von mehreren Faktoren ab.*

## UNSERE ERNÄHRUNG

Ernährung ist die Grundlage unseres Wohlbefindens. Wenn du deinem Körper über eine unbewusste Ernährung wichtige Vitalstoffe vorenthälst, kann er nicht optimal funktionieren und es kommt irgendwann zu mangelnder Konzentration, Müdigkeit, Abgeschlagenheit, Stimmungsschwankungen, Blutzuckerschwankungen, hormonellen Störungen oder wiederkehrenden Kopfschmerzen. Alle Punkte haben hier eine große Gemeinsamkeit: Sie können dich maßgeblich daran hindern, dein Studienleben zu rocken und zu genießen.

Mit welchen Nährstoffen du dich versorgst ist ausschlaggebend dafür, in welchem Zustand sich dein Körper befindet. Es liegt in deiner Hand, ob du ihm eine gute Basis bietest, ungehindert zur Tat zu schreiten, oder ob du ihm zusätzliche Steine in den Weg legst.

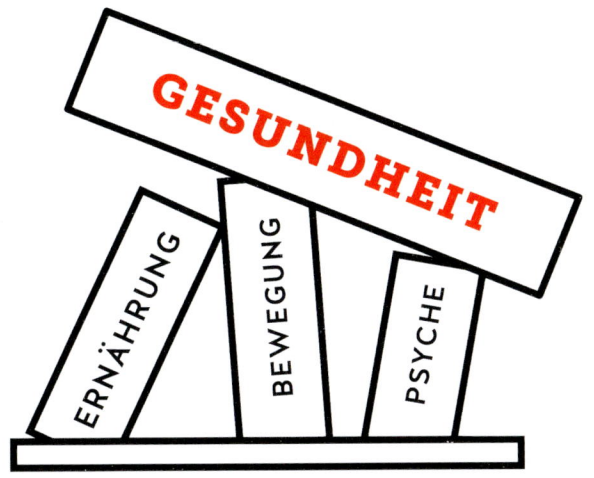

*Bricht nur eine der Säulen weg, gerät unsere Gesundheit stark ins Wanken.*

## Hand in Hand - Ernährung und Bewegung

Es ist aber nicht nur entscheidend, welche Nährstoffe du in deinen Körper gibst, sondern auch, wie du deinen Körper behandelst und wie du ihn bewegst. Oft sind Lernblockaden, Konzentrationsschwierigkeiten oder Müdigkeit Ursache dafür, dass du deine Muskeln wenig beanspruchst. Hierbei meinen wir nicht, dass du täglich ein HIIT ablieferst oder einen Halbmarathon laufen sollst! Vielmehr ist es wichtig, dass du Bewegungen in deinen Alltag aktiv einplanst, sei es ein kleiner Spaziergang in der Mittagspause, das Fahrrad zur Uni oder der abendliche Yoga-Kurs. Das reduziert nicht nur deinen Stresspegel, sondern kann dich effektiv beim Studieren unterstützen – genau das zeigen auch viele wissenschaftliche Studien aus den letzten Jahren.

Zum einen fördert Bewegung die Gehirndurchblutung, dadurch gelangen frische Nährstoffe und natürlich jede Menge Sauerstoff bis in die hintersten Hirnareale. Dies wiederum regt die Vernetzung deiner Nervenzellen an und steigert ganz unbewusst deine Aufnahmefähigkeit. Allein 20–30 Minuten an der frischen Luft im Park reichen aus, um die Durchblutung im ganzen Körper effektiv zu erhöhen, Stresshormone wie Adrenalin und Cortisol werden wieder auf ein normales Level gesenkt. Und das ist noch nicht alles! Dazu eine kurze Frage: Wie fühlst du dich nach einer Laufeinheit oder nach einer Fitnesseinheit mit Freunden? Du bist eventuell durchgeschwitzt und weißt, der Muskelkater wird kommen. Aber eigentlich fühlst du dich glücklich, oder? Genau das macht Bewegung: Sie fördert die Bildung von Glückshormonen. Was gibt es Besseres, als sich motiviert und mit guter Laune an den Schreibtisch zu setzen? Es gibt keine Ausrede mehr! Worauf wartest du?

Dabei ist es gar nicht so leicht, diese Steine zu identifizieren. Schnell verliert man den Überblick, wenn sich die Trends von vegetarisch und vegan über Superfoods und Intervallfasten bis hin zu Low Carb, Paleo und Low Fat mit höchster Geschwindigkeit gegenseitig überschlagen. Oft widersprechen sich diese Trends und »neuesten wissenschaftlichen Erkenntnisse« dann auch noch, sodass niemand mehr weiß, was man jetzt essen darf ...

Erst mal keine Panik. Wichtig ist vor allem zu verstehen: Dein Stoffwechsel ist genau wie deine Ernährung und die Vielfalt der zur Verfügung stehenden Lebensmittel – hochkomplex. Um dieses Chaos etwas zu entwirren, nehmen wir dich in den nächsten Kapiteln mit zu den wichtigsten Dreh- und Angelpunkten der Ernährung, die du für dich in die Hand nehmen kannst. Mit diesem Wissen ausgestattet wird es dir superleicht fallen zu erkennen, welche Lebensmittel du wann brauchst.

# DIE 10 REGELN DER VOLLWERTIGEN ERNÄHRUNG

*Bevor wir uns im Detail in die große Welt der einzelnen Nährstoffe stürzen, wollen wir erst mal einen Überblick über allgemeine Ernährungsregeln geben. Die Deutsche Gesellschaft für Ernährung (DGE) hat aus der Bandbreite 10 hilfreiche Regeln abgeleitet.*

*Gesunde Ernährung basiert auf ein paar einfachen Regeln.*

### 1. Lebensmittelvielfalt genießen

Iss abwechslungsreich und bunt – es gibt so viel zu entdecken! Egal ob grün oder gelb, groß oder klein, weich oder knackig, süß oder sauer, gekocht oder roh, fermentiert oder frisch geerntet – je vielfältiger deine Teller aussehen, desto höher ist die Wahrscheinlichkeit, dass du alle Nährstoffgruppen abdeckst. Die Basis sollten dabei immer pflanzliche Lebensmittel sein.

### 2. Gemüse und Obst – nimm »5 am Tag«

Eine vielfältige pflanzliche Basis deiner Ernährung kannst du dir schaffen, indem du dich den Tag über mit 2 Portionen Obst und mindestens 3 Portionen Gemüse versorgst. Eine Portion entspricht dabei in etwa dem, was in deine Hand hineinpasst. Iss Obst und Gemüse am besten in ihrer natürlichen Form, hin und wieder darf es auch mal ein Smoothie sein. Übrigens: Auch Hülsenfrüchte wie Linsen, Kichererbsen und Bohnen dürfen bei den »5 am Tag« mitgezählt werden.

### 3. Vollkorn wählen

Du hast die Wahl! Es gibt kaum Getreideprodukte, egal ob Brot, Nudeln oder Müsli, die nicht in einer Vollkornvariante erhältlich sind. Sie enhalten wesentlich mehr Ballaststoffe und Nährstoffe als die Weißmehlprodukte. Aber Achtung: Nur da wo Vollkorn draufsteht, ist das volle Korn drin – »Mehrkorn« etwa bedeutet nur, dass mehrere Getreidesorten verwendet wurden.

### 4. Mit tierischen Lebensmitteln die Auswahl ergänzen

Das Schlüsselwort ist hier tatsächlich das »Ergänzen«. Nicht nur in Bezug auf unseren ökologischen Fußabdruck, sondern auch für unsere Gesundheit ist ein maßvoller Verzehr an tierischen Produkten sinnvoll.

### 5. Gesundheitsfördernde Fette nutzen

Fett ist nicht gleich Fett! Es lohnt sich, auf die Menge und auf die Qualität der Fettauswahl zu achten. Pflanzliche Fette sind aufgrund ihres Fettsäureprofils den tierischen vorzuziehen. Vor allem in fertigen Produkten verstecken sich oft Fette schlechterer Qualität. Deshalb: Lieber selbst kochen, dann weißt du auch, was drin ist!

### 6. Zucker und Salz einsparen

Die beiden Hauptzutaten in stark verarbeiteten Lebensmitteln, die den Großteil der Supermarktregale füllen. Wir sind an den Geschmack meist von klein auf gewohnt und brauchen bei Weitem nicht so viel, wie wir aufnehmen. Zucker und Salz sind außerdem Weltmeister des Versteckspiels und zeigen ihre wahre Präsenz oft erst, wenn wir die Lebensmittelverpackungen einmal umdrehen. Beim Selbstkochen dagegen lässt sich Salz einsparen, wenn du auf Kräuter und Gewürze setzt.

### 7. Am besten Wasser trinken

Ohne Wasser kein Leben. Mit 1,5 l am Tag geben wir unserem Körper genug Grundlage, nicht an den falschen Stellen Energie zum Flüssigkeitsausgleich aufbringen zu müssen. Vermeide zuckerhaltige Getränke und greife lieber auf Wasser und ungesüßten Tee zurück.

### 8. Schonend zubereiten

Auch wenn du zu nährstoffreichen Lebensmitteln greifst, so hat die Zubereitungsweise Einfluss, wie viele Nährstoffe letztendlich in diesen Lebensmitteln erhalten bleiben. Extreme Temperaturen in Kombination mit schlechten Fetten lassen schädliche Substanzen entstehen, die wichtige Strukturen im Körper angreifen. Also sorge gut für dich und gare den Großteil deiner Mahlzeiten nur so lang wie nötig, so kurz und mit so wenig Wasser und Fett wie möglich.

### 9. Achtsam essen und genießen

Das Gehirn isst mit! Die Art und Weise, wie wir unsere Mahlzeiten zu uns nehmen, bestimmt darüber, ob unser Gehirn und auch alle anderen beteiligten Organe genug Kapazitäten haben, die Verdauung optimal zu regulieren. Je weniger ablenkende Signale dabei auf uns einwirken, desto besser.

### 10. Auf das Gewicht achten und in Bewegung bleiben

Wie die vorangegangene Regel bezieht sich auch die letzte auf eine weitere Säule des Gesundheits-Trios. Keine der Säulen steht stabil für sich allein: Bewegung ist über die Aktivierung wichtiger Stoffwechselwege und die Freisetzung positiver Stimmungsfaktoren eng verknüpft mit unserer Ernährung und Psyche

# ZUCKER, KOHLENHYDRATE UND »CARBS«

*Schokolade, Traubenzucker oder Gummibärchen gehören für viele zur Grundausstattung bei einer Prüfung. Klar, warum nicht: Zucker bringt schnelle Energie und dein Gehirn benötigt diese während der stressigen Prüfungszeit. Doch was steckt dahinter? Ist Traubenzucker wirklich so vorteilhaft?*

Chemisch gesehen ist Zucker ein Sammelbegriff für eine unglaubliche Vielzahl von Verbindungen, deren Basis immer Einfachzucker sind. Einfachzucker allein heißen Fruchtzucker (Fruktose) oder Traubenzucker (Glukose), verbinden sich zwei Einfachzucker, so spricht man von (surprise!) Zweifachzucker wie etwa Haushaltszucker. Die Verbindung vieler Zuckermoleküle lässt Vielfachzucker aufbauen. Das ganze Sammelsurium an Zuckerstrukturen wird unter dem Begriff Kohlenhydrate zusammengefasst. Wenn sich etwa sehr sehr sehr viele Glukosebausteine verbinden, werden sie zu Stärke.

Du hast bestimmt schon den Begriff »komplexe Kohlenhydrate« gehört. Komplex heißt in dem Fall einfach nur lang und verzweigt. Um die komplexen Kohlenhydrate (zu finden in Vollkorngetreide oder Hülsenfrüchten) in verwendbare Einzelbausteine zu zerlegen, braucht der Körper etwas Zeit. Traubenzucker als Einfachzucker dagegen wird sofort aufgenommen.

Von den komplexen Kohlenhydraten essen wir im Durchschnitt recht wenig, von den simplen dagegen sehr viel! Die Weltgesundheitsorganisation (WHO) empfiehlt mittlerweile, dass die tägliche Zuckeraufnahme für einen Erwachsenen nicht mehr als 25 g betragen sollte. Das sind ca. 8 Stück Würfelzucker. Oder anschaulicher: 2,5 Esslöffel Nutella. Tatsächlich essen wir mehr als das Dreifache, nämlich 85 g! Denn den meisten unserer Lebensmittel ist Zucker zugesetzt.

## ZUCKER HAT VIELE NAMEN

Zu finden ist Zucker nicht nur in Kuchen oder Schoki, sondern in Wurstwaren oder Essiggurken. Leider wirst du als Verbraucher bei vielen »gesundheitsfördernden« Produkten hinters Licht geführt. Fettreduziert? Klar, dafür dementsprechend mit Zucker zugesetzt, schließlich muss es immer noch gut schmecken. Nur natürliche Zucker verwendet? Agavendicksaft, Kokosblütenzucker, Süßmolkenpulver, Naturreiszucker? Klingt natürlich und gesund, doch ist es für unseren Körper immer noch Zucker. Und der hat viele Namen: Dextrose, Dattelsirup, Fruktose, Gerstenmalz, Magermilchpulver, Polydextrose … das alles sind Namen für ein und dasselbe. Du kannst dir ja einen Spaß machen und beim nächsten Einkauf Zucker-Bingo spielen.

Klar, Zucker – Glukose – hat als der Energielieferant durchaus seine Daseinsberechtigung in unserer Ernährung. Für viele Zellen in unserem Körper ist Glukose die Hauptenergiequelle, zum Beispiel für die roten Blutkörperchen oder die Gehirnzellen. Diese Energie können wir jedoch auch aus komplexen Kohlenhydraten beziehen. Bei Zucker gilt deshalb wie bei vielen anderen Dingen auch: Die Dosis macht das Gift.

Der Zuckerkonsum ist in den letzten 100 Jahren rapide angestiegen, im gleichen Zeitraum haben Volkskrankheiten wie Diabetes mellitus Typ 2, Herz-Kreislauf-Erkrankungen und Übergewicht stark zugenommen. Die Wissenschaft zeigt, dass ein permanent hoher Zuckerkonsum in Kombination mit mangelnder Bewegung und einseitiger Ernährung die Entstehung ebendieser Krankheiten fördert. Doch was passiert denn in unserem Körper, wenn wir ständig so viel Zucker essen?

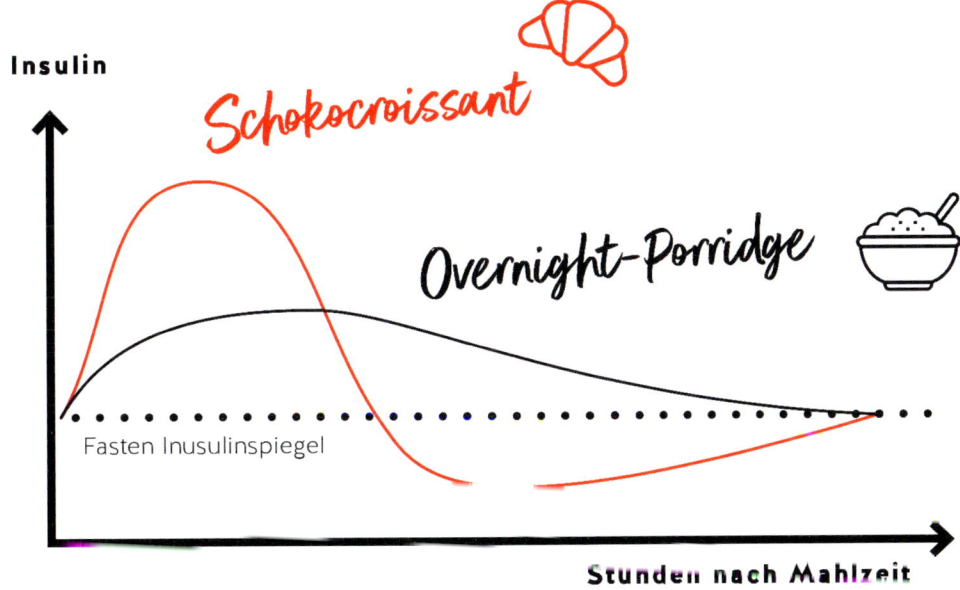

*Zucker hat viele Namen und Formen. Unser Körper zerlegt alles in Einfachzucker.*

## Zucker und Hormone

Bei der Verstoffwechselung von Zucker kommt das Hormon Insulin ins Spiel. Insulin kannst du dir als den Hausmeister im Wohnheim vorstellen. Reparieren tut es nicht wirklich etwas, aber es hat einen massiven Schlüsselbund, der alle möglichen Türen öffnen kann. Am bekanntesten ist Insulin dafür, dass es die Aufnahme von Glukose in Muskel- und Fettzellen ermöglicht. Sprich, es öffnet die entsprechenden Türen für Glukose. Außerdem signalisiert Insulin unserem Körper, dass Nährstoffe ankommen und diese verwendet werden müssen – alles in Richtung Aufbau und Einlagerung, z.B. hemmt es den Abbau von Fett und regt gleichzeitig den Aufbau von Fett an.

Diese Wirkungen von Insulin sind lebenswichtig. Es wird allerdings zum Problem, wenn besonders viel Insulin ausgeschüttet wird, z.B. wenn du mal wieder eine Tafel Schokolade gegessen hast oder wenn du ständig am »Snacken« bist. Schließlich muss der ganze aufgenommene Zucker irgendwo hin. Unser Körper hat nur geringe Kapazitäten, überschüssigen Zucker zu speichern. Also wird er in Fett umgewandelt und als dieses wortwörtlich eingelagert.

Wenn deine Zellen nun dauernd unter Zucker- und Insulinbeschuss stehen, machen sie irgendwann schlapp. Vor allem die Muskel- und Fettzellen: Stell dir vor, du sitzt in deinem Zimmer und ackerst an einer Projektarbeit. Alle halbe Stunde kommt der besagte Hausmeister mit dem massiven Schlüsselbund in dein Zimmer – ohne zu klopfen – und bringt Baumaterial mit sich. Irgendwann hast du die Nase voll und überlegst dir, wie du dem Hausmeister den Eintritt verwehren kannst.

Genau das machen auch Muskel- und Fettgewebe. Sie reagieren immer weniger auf Insulin und blockieren den Eintritt von Zucker. Der Zucker bleibt im Blut und sammelt sich dort an. Hohe Blutzuckerspiegel suggerieren dem Körper allerdings, dass mehr Insulin nötig ist.

Ein Ergebnis dieses Kreislaufes: Fetteinlagerungen – sogar in Geweben, wo eigentlich gar kein Fett hingehört, etwa in Muskel und Leber. Beste Voraussetzungen für die Entstehung von Herz-Kreislauf-Erkrankungen, Diabetes mellitus Typ 2, Übergewicht, Rheuma und weitere ernährungsbedingte Erkrankungen. Deshalb lohnt es sich, den eigenen Zuckerkonsum im Auge zu behalten: Versuche auf zugesetzte Zucker zu achten. Vermeide gesüßte Getränke, Fertigprodukte und Fast Food und reduziere das Nachsüßen, z. B. den Löffel Zucker im Kaffee.

## KOMPLEXE KOHLENHYDRATE

Besser für den Stoffwechsel sind komplexe Kohlenhydrate. Vertreter dieser Gruppe sind Stärke und Ballaststoffe. Stärke kommt in Kartoffeln, Süßkartoffeln und anderen wurzelartigen Gemüsesorten vor. Ballaststoffe findest du in Gemüse, Hülsenfrüchten und Vollkorngetreideprodukten. Diese Kohlenhydrate sättigen länger und halten deinen Blutzuckerspiegel konstant. Besonders an langen Uni-Tagen ist das wichtig: Diese Kohlenhydrate werden langsamer abgebaut und gelangen nur schrittweise in deinen Blutkreislauf. Daraufhin wird Insulin auch nur schrittweise ausgeschüttet, somit wird eine hohe Insulinspitze vermieden und der Blutzucker

stürzt nicht rapide in den Keller. Das rapide Absinken des Blutzuckers macht sich etwa durch plötzliche Müdigkeit, Konzentrationsschwierigkeiten und Antriebslosigkeit bemerkbar – keine guten Voraussetzungen für einen Vormittag in der Bib …

Wie schnell die Kohlenhydrate in deine Blutbahn geraten, hängt auch von der Zusammensetzung des Lebensmittels ab. Ein ganzer Apfel wird dich aufgrund des hohen Ballaststoffanteils länger sättigen als Apfelsaft, diesem fehlt der gesamte Faseranteil, d. h. die Ballaststoffe. Aus diesem Grund solltest du reine Fruchtsäfte oder -smoothies nur selten zu dir nehmen, um auf deine 5 Obst- und Gemüseportionen am Tag zu kommen.

Um das Ganze noch etwas komplizierter zu machen: Wir sind alle Individuen – so auch der Stoffwechsel jedes Einzelnen! Und tatsächlich reagiert jeder Blutzuckerspiegel etwas anders, selbst wenn du das Gleiche isst wie deine WG-Buddys. Das Fazit: Nicht alle Kohlenhydrate sind schlecht. Wenn du auf komplexe Kohlenhydrate zugreifst, wie du sie in Gemüse oder in Vollkorngetreideprodukten findest, riskierst du keine Spitzen in deinem Blutzucker- und Insulinhaushalt und bleibst konzentrations- und leistungsfähig.

# GESUNDER DARM FÜR BESSERE LEISTUNG!

Früher dachte man, Ballaststoffe seien wirklich »Ballast«: Dein Körper bzw. deine Verdauungsenzyme können sie nicht verarbeiten und somit gelangen Ballaststoffe unverarbeitet in den Dickdarm. Mittlerweile weiß man, dass Ballaststoffe unheimlich wichtig für unsere Gesundheit sind. Sie werden – wie früher angenommen – nicht einfach nur unverdaut ausgeschieden, sondern dienen als Futter der dort ansässigen Bakterien und übernehmen so eine wichtige Rolle für unsere allgemeine Gesundheit.

Eine ballaststoffarme Ernährung nimmt Einfluss auf die Entstehung heutiger Zivilisationskrankheiten. Andersherum ist eine ballaststoffreiche Ernährung sehr gesund: Zum einen besitzen Ballaststoffe ein hohes Wasserbindungsvermögen (d. h., sie quellen auf) und erhöhen somit das Volumen im Magen, was wiederum zu einer schnelleren Sättigung führt. Zum anderen können sie überschüssiges Cholesterin, Abbauprodukte des Stoffwechsels und andere Stoffe, die wir mit der Nahrung aufnehmen, im Darm binden und dadurch deren Ausscheidung unterstützen. Sie sind im Grunde wie Schwämme für so manchen »Müll«, den wir so zu uns nehmen …

Die hohe Quellfähigkeit erhöht auch das Stuhlvolumen und fordert somit die Darmmuskulatur zu mehr Arbeit auf. Durch diese aktive Darmarbeit lässt sich der Stuhl schneller in Richtung Ausgang bewegen. Die Transitzeit im Darm wird verkürzt, unnütze Stoffe werden schneller ausgeschleust und haben keine Zeit, lange in deinem Darm bzw. Körper zu verweilen. Je schneller dieser »Müll« entsorgt wird, umso besser!

Nach Empfehlung der DGE sollte ein Erwachsener mindestens 30 g Ballaststoffe pro Tag verzehren. Hört sich viel an? Mit vielen Vollkornprodukten, Obst und Gemüse auf deinem Teller ist das überhaupt kein Problem!

## Wo findest du Ballaststoffe?

Ballaststoffe sind pflanzlichen Ursprungs und können in zwei Kategorien – wasserunlösliche und wasserlösliche Ballaststoffe – unterteilt werden. Wasserunlösliche Ballaststoffe werden nicht von den Darmbakterien zersetzt und sind vor allem in Vollkorngetreideprodukten oder Hülsenfrüchten enthalten. Diese Ballaststoffe befinden sich in den Randschichten der Körner und Samen und werden beim Schälen und Ausmahlen entfernt. Übrigens sind in diesen Randschichten viele weitere wichtige Nährstoffe zu finden wie Eiweiß, gesunde Fette, Mineralien (Eisen, Zink) und Vitamine (B-Vitamine). All diese guten Dinge enthalten Weißmehlprodukte nicht mehr. Wasserlösliche Ballaststoffe werden von den Darmbakterien verstoffwechselt und befinden sich vor allem in Gemüse und Obst, wie z. B. in fasrigem Gemüse (Spargel oder Chicorée), Obstschalen (Apfel, Beeren) und stärkehaltigen Gemüsesorten (Karotten, Topinambur). Auch die Stärke in Kartoffeln oder Reis kann sich in einen unlöslichen Ballaststoff verwandeln. Dies geschieht, wenn du Kartoffeln, Reis oder anderes stärkehaltiges Gemüse erkalten lässt. Diese sogenannte resistente Stärke fördert somit Darmbewegung, Sättigung und das Ausschleusen von überschüssigen Substanzen. Also doch öfters mal Kartoffeln auf Vorrat kochen!

# DEIN MIKROBIOM IS(S)T, WAS DU ISST!

*Unser Verdauungsorgan ist im Grunde eine ziemlich volle WG names Mikrobiom: Hier wohnen jede Menge Mikroorganismen. Sie beeinflussen unsere Verdauung und Nährstoffaufnahme. Wer genau sich in deinem Magen-Darm-Trakt niederlässt, kannst du als Wohnungsbesitzer gut beeinflussen.*

Laktobazillen, Bifidobakterien und Co. – die kleinen Untermieter im Verdauungstrakt haben lustige Namen. Wer sich wo niederlässt, hängt etwas von den Umgebungsbedingungen ab. Die Magensäure etwa macht es im Magen ziemlich ungemütlich und so weist dieser eine eher geringe Bakteriendichte auf. In Richtung Dickdarm nimmt die Bakteriendichte dann zu. Dank großer Fortschritte in der wissenschaftlichen Forschung und moderner Sequenzierungsmethoden sind heute über 1000 verschiedene Darmbakterienarten bekannt – mit positiven oder negativen Effekten auf deinen Körper. Je höher die Bakteriendiversität, d. h. je höher die Vielfalt der gesundheitsfördernden Arten in deinem Darm, desto besser ist die Darmgesundheit. Die wiederum hat auch einen positiven Einfluss auf das Immunsystem, den Stoffwechsel, das Körpergewicht und die Psyche – im Grunde auf den ganzen Menschen. Deine Darmmitbewohner schützen dich übrigens auch selbst vor Infektionen, indem sie anderen viralen oder bakteri-ellen Eindringlingen keinen Platz zum Ansiedeln bieten. Eine niedrige Darmbakterienvielfalt dagegen wird mit einigen stoffwechsel- und ernährungsbedingten Erkrankungen in Zusammenhang gebracht wie Übergewicht, Herz-Kreislauf-Erkrankungen, Nahrungsmittelintoleranzen oder chronische Darmerkrankungen.

## ESSEN FÜRS MIKROBIOM

Die Darmflora ist so einzigartig wie ein Fingerabdruck. Durch deine Ernährung kannst du diesen Fingerabdruck beeinflussen und du kannst dir viele nützliche Bakterien über deine Ernährung holen. Darmaktive Bakterien findest du etwa in fermentierten Lebensmitteln wie Joghurt oder Sauerkraut. Einmal eingeladen kannst du auch etwas dafür tun, dass sie bleiben, indem du den »guten« Bakterien eine nette Umgebung schaffst ...

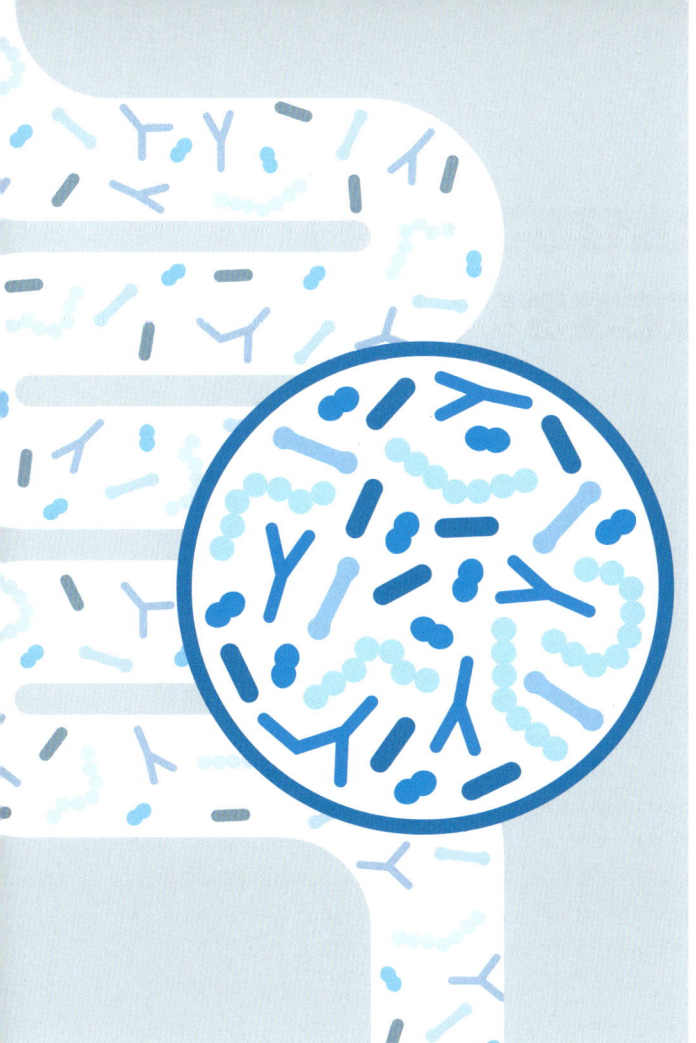

*Unser Darmtrakt ist dicht besiedelt.*

## Was machen Bakterien mit Ballaststoffen?

Darmbakterien erhalten ihre Energie aus löslichen Ballaststoffen, wie du deine Energie aus einem Vollkornbrotchen mit Hummus ziehst. Wo bei dir evtl. nur Brotkrümel auf dem Tisch anfallen, fallen bei den Bakterien für uns nützliche Nebenprodukte an – die kurzkettigen Fettsäuren. Wir wollen biochemisch gar nicht ins Detail gehen, aber diese kurzkettigen Fettsäuren haben vielfältige Funktionen, die deiner Gesundheit zugutekommen. Sie liefern Energie für deine Darmwandzellen und stärken damit die Darmwand, stärken das Immunsystem und regulieren den Zucker- und Fettstoffwechsel. Außerdem wirken sie auf dein Gehirn und können damit sogar die geistige Leistungsfähigkeit fördern. Das heißt, sie sind echte Allrounder, um dein Leistungsspektrum in die Höhe zu treiben, und es ist absolut erstrebenswert, dass die Darmbakterien möglichst viele dieser Nebenprodukte produzieren.

Übrigens können diese »gesunden« Darmbewohner auch die Vitamine B1, B2, B5, B6, Folat und Vitamin K2 produzieren und leisten somit einen kleinen Beitrag zu deiner Nährstoffversorgung.

Mit all diesen gesundheitlichen Vorteilen im Hinterkopf lohnt es sich noch mehr, reichlich Ballaststoffe in deinen Speiseplan einzubauen. Letzten Endes sind sie eine gute Möglichkeit, dein Darmökosystem zu stärken und es mit guten Darmbakterien zu besiedeln. Eine gesunde Darmflora dient nicht nur als Prophylaxe für verschiedene Krankheiten (z. B. Verstopfung, entzündliche Magen-Darm-Erkrankungen, Übergewicht, Diabetes und Dickdarmkrebs), sondern ist auch super für deine Immunabwehr und deine geistige Fitness.

Schließlich tun sie auch etwas für dich. Sie mögen vor allem das richtige Futter, d. h. Ballaststoffe. Die findest du in Vollkornprodukten, Hülsenfrüchten, Obst und Gemüse und sie sollten mehrmals täglich auf deinem Speiseplan stehen. Wenn sie genug zu essen bekommen, dann bleiben die guten Darmbakterien sehr gerne und helfen dir in Sachen Verdauung.

# PROTEINE – BAUSTEINE DES LEBENS

*Es gibt Low Carb, es gibt Low Fat – aber von Low Protein hat noch niemand etwas gehört. Das hat einen ganz einfachen Grund: Diese Stoffe dürfen in keiner gesunden Ernährung fehlen, denn Eiweiße sind so etwas wie die »Bausteine des Lebens«.*

*Proteine selbst bestehen aus Aminosäuren.*

Eiweiße sind der Grundbaustoff unseres Körpers, sie werden in jeder Zelle des Körpers gebraucht. Bereits für das Ablesen der DNA wird Protein benötigt. Außerdem benötigen wir Eiweiß für den Aufbau von Hormonen, Signalstoffen oder Enzymen. So könnte man sagen: Ohne Eiweiß kein Serotonin, kein Glücksgefühl. Deshalb ist Eiweiß so wichtig und du solltest darauf achten, genug davon zu dir zu nehmen.

## EIWEISS UND AMINO-SÄUREN

Eiweiße sind für unseren Körper nicht alle gleich gut verwertbar: Pflanzliches Eiweiß kann vom Körper nicht so gut verwertet und verarbeitet werden wie tierisches. Trotzdem kannst du deinen Proteinbedarf auch komplett pflanzlich decken.

*Tierisches Eiweiß können wir besonders gut verwerten.*

chen sie aber in gleichem Maße, um sie verwenden zu können. Also orientiert sich der Körper an der essenziellen Aminosäure, die am wenigsten vorkommt, wandelt sie auf dieser Basis in Proteine um und scheidet die überschüssigen Aminosäuren wieder aus. Ganz grob, wenn wir in einem beliebigen Lebensmittel von sieben essenziellen Aminosäuren 10 g haben, aber von der achten 0 g, dann haben wir unterm Strich nicht 70 g Eiweiß aufgenommen, sondern 0 g.

Grundsätzlich können wir pflanzliches Eiweiß weniger gut verwerten als tierisches. Etwas platt gesagt: Eine Kuh ist dem Menschen ähnlicher als ein Baum. Und genauso ist die Kuh dem Menschen auch in ihrer Eiweißzusammensetzung (auch Aminosäureprofil) ähnlicher als eine Pflanze. Deshalb können wir das Protein aus einem Stück Fleisch (oder einem Stück Käse) besser verwerten als aus einer Bohne – die Aminosäuren passen für unseren Stoffwechsel erst mal besser zusammen.

### Die biologische Wertigkeit von Proteinen

Um zu beurteilen, wie gut das Eiweiß aus verschiedenen Quellen verwertet werden kann, hat man den Begriff der »biologischen Wertigkeit« (BW) eingeführt. Im Grunde geht es hier um die Qualität bzw. die Verwertbarkeit von Eiweißen.

Die biologische Wertigkeit vergleicht, wie viel Eiweiß der Körper von einer gegessenen Menge letztendlich generieren bzw. aufnehmen kann. Ausgangspunkt ist die biologische Wertigkeit eines Hühnereis, sie liegt bei 100. Alle anderen Lebensmittel müssen sich also an der Qualität bzw. Verwertbarkeit von Hühnerei messen. Ergebnis ist allerdings nur eine Vergleichbarkeit der Le-

Um das zu verstehen, müssen wir erst mal eines wissen: Eiweiße bestehen aus vielen kleineren Bausteinen, den Aminosäuren. Von ihnen gibt es insgesamt 20 Stück. Zwölf davon kann der Körper selbst herstellen, acht braucht er unbedingt aus der Nahrung. Diese acht heißen essenzielle Aminosäuren und kommen nicht in allen Lebensmitteln in gleicher Menge vor. Wir brau-

bensmittel untereinander, ohne dass wir wirklich sagen könnten, wie viel Protein wir von der gegessenen Menge absolut aufnehmen können. Mit der biologischen Wertigkeit entsteht erst mal nur eine Art Eiweiß-Ranking.

### Aminosäuren smart kombinieren

Mit der biologischen Wertigkeit lässt sich aber auch ein interessanter Effekt bezüglich der Eiweißaufnahme erklären. Denn: Auch wenn pflanzliches Protein eine geringere biologische Wertigkeit hat, heißt es nicht, dass du mit einer vegetarischen oder veganen Ernährung zwangsläufig eine schlechtere Eiweißversorgung hast.

Wir können dem Ganzen hier nämlich ein Schnippchen schlagen, indem wir pflanzliche Proteine miteinander kombinieren. Insgesamt hat der Körper nämlich dann eine größere Bandbreite Aminosäuren zur Verfügung. Von den acht essenziellen Aminosäuren etwa sind schon in der Linse allein sechs enthalten. Gefragt ist also ein pflanzliches Lebensmittel, das die fehlenden zwei Aminosäuren liefert. Kombiniere dein Linsengericht mit einem Vollkorngetreide (wie braunem Reis, Quinoa oder Amarant) und du kannst das Defizit ausgleichen.

Mit derartigen pflanzlichen Eiweiß-Kombinationen kann man übrigens die biologische Wertigkeit von Ei sogar übertreffen: Chili con Soja mit Reis enthält Soja (BW: 82) und Reis (BW: 81). Dank des unterschiedlichen Aminosäureprofils in den beiden Lebensmitteln hat das Gericht unterm Strich eine biologische Wertigkeit von 111 – wir nehmen bei gleicher Menge mehr verwertbares Eiweiß zu uns. Eine andere gute Kombination ist etwa Hummus, da hier Hülsenfrüchte (Kichererbsen) mit Samen (Sesam) kombiniert werden.

## WIE VIEL EIWEISS IST SINNVOLL?

Die Deutsche Gesellschaft für Ernährung (DGE) empfiehlt eine Mindestaufnahme von 0,8 g Protein pro Kilogramm Körpergewicht für Erwachsene zwischen 18 und 65 Jahren. Als akzeptabel gilt aber eine Proteinzufuhr von 10–35 Prozent der Gesamtenergiezufuhr, eine 80 kg schwere Person sollte mindestens 64 g Protein pro Tag essen. Jedoch ist alles bis 228 g (35 Prozent bei einem Kalorientagesbedarf von 2600 kcal) okay. Was uns wichtig ist: Zu viel bringt aber auch niemandem was – der Körper kann nur eine begrenzte Menge Protein verarbeiten, Überschuss muss über die Nieren ausgeschieden werden. Aber die können auch irgendwann streiken. Wer unter 35 % des Kalorientagesbedarfs bleibt, hat nichts zu befürchten.

### Trinken nicht vergessen!

Um die Niere bei ihrer Arbeit zu unterstützen, ist Trinken wichtig – am besten Wasser. Es enthält neben der Flüssigkeit reichlich Mineralien und kann einen Beitrag zu deiner Calcium-, Magnesium-, Kalium- und Natriumzufuhr leisten (die genauen Mengen sind abhängig von der Wasserquelle). Wasser erhöht das Flüssigkeitsvolumen in unseren Gefäßen. Doch was hat dies nun mit den Nieren zu tun? Als Ausscheidungsorgan sorgen sie dafür, dass alles, was wir nicht benötigen, mit dem Urin aus dem Körper geschleust wird. Je besser die Niere durchgespült wird, desto besser kann sie arbeiten. Am besten hast du auch beim Lernen immer eine Flasche Wasser griffbereit, damit du easy auf die empfohlene Mindestmenge von 2 l Wasser kommst.

*Das Frühstücksei ist nährstofftechnisch betrachtet ein hervorragender Start in den Tag!*

# POWERLEBENSMITTEL EI

Spiegelei, Rührei, Omelett … Eier sind ein tolles Lebensmittel, vor allem für uns Studierende: Sie sind schnell und vor allem super vielseitig zubereitet, außerdem sind sie auch in Bio-Qualität relativ günstig zu bekommen

(Bio-Eier aus Freilandhaltung erkennst du an der »0« im Strichcode) und sie lassen sich relativ lange lagern: Frische Eier halten sich nach dem Legen ungekühlt ca. 18 Tage, im Kühlschrank sogar 28 Tage. Das Legedatum ist meist auf den Eierkarton gedruckt.

Aus ernährungsphysiologischer Sicht dürfen sie gern wöchentlich auf deinem Speiseplan stehen. Lange Zeit wurde ein hoher Verzehr von Eiern als kritisch angesehen, man brachte insbesondere Bluthochdruck sowie Herz-Kreislauf-Erkrankungen damit in Verbindung. Mittlerweile weiß man es besser und laut DGE sind 3–4 Eier pro Woche absolut in Ordnung (übrigens, auch 6 Eier sind laut einer schwedischen Studie kein Problem). Eier sind eine hochwertige Quelle für Eiweiß: Das Hühnerei-Eiweiß enthält alle wichtigen Aminosäuren in ausreichender Menge, sodass unser Stoffwechsel das Protein perfekt verwerten kann. Gerade nach dem Training ist ein Hühnerei ein toller Snack, um den Körper ideal beim Muskelaufbau zu unterstützen.

## Eiweiß und Eigelb

Mit »Eiweiß« meinen wir übrigens nicht nur das »Eiweiß«, also das Weiße vom Ei, denn die größere Menge Protein befindet sich tatsächlich im Eigelb, also im Inneren des Eies (… und endlich verstehen wir den Ausdruck »das Gelbe vom Ei«). Darüber hinaus enthalten Eier bzw. das Eigelb eine Reihe von lebensnotwendigen Nährstoffen wie fettlösliche Vitamine (Vitamin A, Vitamin D und Vitamin E), wasserlösliche Vitamine (Vitamine der B-Gruppe wie Vitamin B12) und auch Mineralstoffe (Eisen, Calcium und Phosphor). Das im Dotter enthaltene farbgebende Carotin stärkt außerdem dein Immunsystem, indem es Zellen vor freien Radikalen schützt.

# FETTE MACHEN FETT – ODER?

*Fett schlägt in der Kalorienbilanz ganz schön zu Buche – wer abnehmen will, greift also einfach zu Low-Fat-Produkten. Obwohl dieser Gedankengang schön logisch klingt, ist die Rechnung leider nicht ganz so einfach. Vielmehr müsste es heißen: Fett macht fit – sofern es gesunde Fette sind.*

Fett ist unentbehrlich für unsere Körperfunktionen: Das Fettgewebe schützt und isoliert unsere inneren Organe. Außerdem ist es ein wichtiger Bestandteil von Zellstrukturen, z. B. isoliert es unsere Nervenzellen und ist die Grundsubstanz für viele Hormone. Außerdem gibt es fettlösliche Vitamine, d. h. wir könnten ohne Fett die Vitamine A, D, E und K gar nicht aufnehmen. Auch sekundäre Pflanzenstoffe benötigen Fett als Trägerstoffe, damit der Körper sie überhaupt aufnehmen kann.

*Avocado enthält eine Menge gesunder Fettsäuren.*

Für uns Studierende außerdem von großer Bedeutung: Das Gehirn besteht bis zu 50 Prozent aus Fett. Die Qualität der Fette nimmt einen großen Einfluss auf die Gehirnfunktion und unsere kognitive Leistungsfähigkeit. Die DGE empfiehlt eine Aufnahme von 30 bis 35 Prozent Fett bezogen auf die Gesamtkalorienzufuhr. Bevor du dir nun Pommes, Pizza und Salami reinpfeifst, solltest du wissen: Die Qualität der Fette ist entscheidend!

*Pflanzliche Fette wie Olivenöl sind ganz klar zu bevorzugen.*

## FETTSÄUREN

Wenn wir über die Qualität sprechen, müssen wir kurz noch mal in die Biochemie eintauchen. Grundlegend gibt es gesättigte, einfach und mehrfach ungesättigte

Fettsäuren. Der Unterschied wird in ihrer Molekülstruktur sichtbar: Gesättigte Fettsäuren sehen »geradlinig« aus, du findest sie vorrangig in tierischen Lebensmitteln, insbesondere in Butter, Milchprodukten, Fleisch und Wurstwaren. Ungesättigte Fettsäuren sind aufgrund einer Doppel- oder Mehrfachbindung nicht mehr geradlinig, sondern eher geknickt. Ihre »Unsättigung« hat Auswirkung auf ihre Konsistenz.

Kommen wir mal von der Theorie in die Praxis: Geh in die Küche, nimm Butter und Olivenöl und stell beides auf den Tisch. Was fällt dir auf? Butter ist bei Raumtemperatur fest, denn sie besteht aus gesättigten Fettsäuren, die durch ihre gerade Struktur eng und fest nebeneinandersitzen können. Olivenöl (und andere Pflanzenöle) ist flüssig bei Raumtemperatur. Es besteht hauptsächlich aus ungesättigten Fettsäuren, die sich durch ihre »geknickte« Struktur nicht mehr eng aneinanderschmiegen – das Öl bleibt flüssig.

Anhand der Fettsäure-Konsistenz können wir uns auch ihren Effekt gut vorstellen: Ernähren wir uns hauptsächlich von gesättigten Fettsäuren, werden die Zellen steif und können ihre Funktionen nicht so gut ausführen. Das kann letzten Endes auch zu einer Verhärtung der Gefäße beitragen. Ernähren wir uns überwiegend von ungesättigten Fettsäuren, bleiben die Zellen elastisch und können Signale und Reize schnell weitergeben.

### Einfach ungesättigte Fettsäuren

Sie stecken vorwiegend in pflanzlichen Ölen wie Raps- und Olivenöl sowie in Avocados, Samen und Nüssen. Für unseren Körper sind diese gesunden Fettsäuren nicht nur unentbehrlich, sie haben auch einen positi-

*Eine Handvoll Nüsse ist ein super Snack für zwischendurch und enthält eine Menge gesunder Fette.*

ven Effekt auf den Stoffwechsel. Zum einen hat die Art der Fette Auswirkungen auf unsere Cholesterinwerte: Nehmen wir viele einfach ungesättigte Fettsäuren zu uns, steigt der HDL-Cholesterinwert im Blut. Das kann beispielsweise die Gefäße vor Arteriosklerose (Arterienverkalkung) schützen. Zum anderen wurde in mehreren wissenschaftlichen Studien gezeigt, dass einfach ungesättigte Fettsäuren Entzündungsprozesse reduzieren und den Zuckerstoffwechsel positiv beeinflussen.

### Mehrfach ungesättigte Fettsäuren: Omega-3 und Omega-6

Neben den einfach ungesättigten Fettsäuren gibt es noch die mehrfach ungesättigten Fettsäuren. Diese Fettsäuren sind für uns essenziell, wir müssen sie über die Ernährung zuführen. Zu den Omega-3-Fettsäuren gehören die Alpha-Linolensäure (ALA), die Docosahexaensäure (DHA) und die Eicosapentaensäure (EPA). ALA findet sich vorwiegend in pflanzlichen Lebensmitteln wie Nüssen, Samen und Pflanzenölen (Walnuss-, Lein- und Rapsöl). DHA und EPA kommen fast ausschließlich in Fischen, v. a. fetten Fischen wie Lachs, Thunfisch, Hering und Makrele, vor. Auch in Algen findet sich ein nennenswerter Anteil an Omega-3-Fettsäuren, sie können eine gute Alternative für Vegetarier und Veganer sein. Die bedeutendste Omega-6-Fettsäure ist die Linolsäure, die hauptsächlich in pflanzlichen Ölen (Sonnenblumen- und Sesamöl) vorkommt.

Beide Fettsäuren spielen eine wichtige Rolle für unser Immunsystem. Das Problem ist häufig, dass wir weit mehr Omega-6- als Omega-3-Fettsäuren zu uns nehmen. Ein Überschuss an Omega-6 kann aber die Synthese von Omega-3 behindern, deswegen sollten wir auf ein ausge-

wogenes Verhältnis achten: Laut DGE ist ein Verhältnis von 4 : 1 (Omega-6 : Omega-3) optimal, durchschnittlich ist das Verhältnis eher 15 : 1 oder 20 : 1. Dieses Ungleichgewicht scheint eine Ursache für die Entstehung vieler Zivilisationskrankheiten, aber auch psychischer Erkrankungen wie Depressionen zu sein.

## Transfettsäuren – die ungesunden Fettsäuren

Erinnere dich noch mal an unser kleines Küchenexperiment von eben: Butter ist hart, Öle sind eher flüssig. Wie aber wird denn nun Margarine, die ja auch aus Pflanzenölen besteht, so schön streichfähig wie Butter? Um es kurz zu sagen: Die pflanzlichen Fette werden technisch ziemlich strapaziert, um die »geknickten« Pflanzenfette so »geradlinig« zu formen wie gesättigte Fettsäuren. Dieser Vorgang wird auch als »Härtung« bezeichnet. Der Nachteil ist jedoch, dass bei der Härtung die berühmt-berüchtigten Transfettsäuren entstehen.

Diese industriellen Transfettsäuren stehen in Verdacht, den LDL-Cholesterinwert im Blut zu erhöhen und damit die Entstehung von Herz-Kreislauf-Erkrankungen zu begünstigen. Sie scheinen außerdem entzündungs- und krebsfördernd zu wirken sowie bei der Entstehung von Diabetes mellitus Typ 2 und nichtalkoholischer Fettleber eine entscheidende Rolle zu spielen. Insgesamt sind sie also eher ungesund.

Um sie zu meiden, achte in jedem Fall darauf, Margarine ohne gehärtete oder teilweise gehärtete Fette (z. B. gekennzeichnet als »Sonnenblumenöl gehärtet«) zu kaufen. Oder du streichst dir einfach Butter aufs Brot. Übrigens kann auch Butter bis zu 3 g Transfettsäuren pro 100 g enthalten. Entscheidend ist jedoch, dass sich diese strukturell und funktionell von den künstlichen Transfetten der Margarine unterscheiden. Die Transfette der Butter entstehen während der Fettverdauung im Pansen der Kühe und gelangen aufgrund ihrer Fettlöslichkeit in die Milch und letztendlich in die Butter. Es ist allerdings wissenschaftlich belegt, dass diese natürlichen Transfette keine negativen Auswirkungen auf die Gesundheit haben. (Eine dieser Transfettsäuren, konjugierte Linolsäure, soll sogar die Gewichtsabnahme unterstützen.) Ein weiterer Grund, warum du doch eher zur Butter greifen solltest als zur Margarine, ist, dass die Butter frei von jeglichen Zusätzen ist und von Natur aus Vitamine wie A und E und vor allem Mineralien wie Calcium enthält.

Transfettsäuren kommen jedoch nicht nur in Margarine vor. Wirf beim nächsten Einkauf einen Blick auf die Zutatenlisten von Fertigprodukten. Hier müssen die gehärteten Fettsäuren ausgewiesen sein – du wirst mit Sicherheit einige finden. Außerdem gibt es Hinweise darauf, dass auch bei starkem und mehrmaligem Erhitzen von pflanzlichen Fetten Transfettsäuren entstehen können – also beim Frittieren oder sehr starken, heißen Braten von Lebensmitteln.

# WARUM DU BEI DIÄTEN MUSKELMASSE VERLIERST

Die meisten Diätprogramme zur Gewichtsreduktion beruhen auf einem eigentlich sehr einfachen Prinzip, nämlich dem Kaloriendefizit. Ein gesunder Erwachsener im Alter zwischen 19 und 51 benötigt durchschnittlich 1900–2400 kcal (Frauen) bzw. 2400–3000 kcal (Männer) pro Tag (abhängig vom Aktivitätsgrad). Die Idee ist nun: weniger Kalorien rein, weniger Fetteinlagerung und dementsprechend purzeln die Pfunde. Klingt ziemlich logisch, oder?

## Körper im Hungermodus

Dass die Rechnung nicht ganz so einfach ist, hast du vielleicht während einer Reduktionsdiät schon selbst erfahren: Die ersten zwei Wochen war die Motivation noch groß und die Pfunde purzelten. Aber nach einer gewissen Zeit bleibt das Gewicht stehen, die Motivation sinkt und das Hungern macht auch keinen Spaß mehr.

Sobald du nämlich die Energiezufuhr enorm oder drastisch reduzierst, versucht dein Körper dies zu kompensieren, indem er den Grundumsatz herunterfährt: Dein Körper arbeitet nun auf »Sparflamme«, die Verbrennung von Fett und Zucker wird verlangsamt. Aus diesem Grund verursachen solche Radikaldiäten meist Müdigkeit, Antriebslosigkeit und Konzentrationsstörungen. Dies sind Schutzmechanismen deines Körpers, der ja nicht ahnt, dass du nur auf Diät bist und es bald schon wieder normale Kost geben soll. Der Stoffwechsel versucht auf diese Weise, deine Reserven zu schonen, falls das »Hungern« länger andauern sollte.

Um weiterhin funktionsfähig zu bleiben, beginnt der Körper außerdem, die Kohlenhydratreserven aufzubrauchen, um Energie zu gewinnen. Da diese jedoch nicht im Übermaß vorhanden sind, macht er sich an die nächstbeste Reserve. Nein, nicht das Fett – sondern der Abbau des Muskeleiweißes, wobei Aminosäuren entstehen. Gewisse Aminosäuren stellen für den Körper eine hervorragende Energiequelle dar und es ist energetisch sinnvoller, Muskeln abzubauen als Fett. Hier entsteht nun eine Art Diät-Dilemma: Der Körper verhindert Fettabbau und erhöht den Eiweißabbau – am Ende verlierst du Muskelmasse. Das war nicht so ganz im Sinne des Erfinders, oder?

## Mehr Bewegung ist der Schlüssel

Günstiger als eine Diät mit Kaloriendefizit ist also ein ausgewogener, aktiver Lebensstil: Um deinen Stoffwechsel und die Fettverbrennung anzukurbeln, ist es wichtig, genug Kalorien aus natürlichen Lebensmitteln und in Kombination mit hochwertigem Eiweiß zu dir zu nehmen – und dazu reichlich Bewegung. Die regt den Muskelstoffwechsel an und trägt insgesamt zur Erhöhung der Muskelmasse bei. Eiweiße aus hochwertigen Eiweißquellen zusammen mit physischer Aktivität wirken insgesamt positiv auf den Muskelaufbau, bewirken eine Erhöhung des Energieumsatzes und kurbeln die Fettverbrennung an. Also drei Fliegen mit einer Klatsche geschlagen, denn der Körper ist fitter, aktiver und damit einfach viel gesünder und leistungsfähiger.

Zu empfehlen ist übrigens auch immer eine abwechslungsreiche Kombination aus Ausdauertraining und Muskelaufbau. Und bitte die Regeneration dabei nicht vergessen – also immer ruhige Tage mit einplanen.

# EIN WORT ZUM THEMA NACHHALTIGKEIT

Ein Thema liegt uns noch besonders am Herzen: Nachhaltigkeit. Die Ressourcen unserer Erde sind begrenzt und wir sind davon überzeugt, dass ein verantwortungsvoller und gesunder Umgang damit wichtig ist. Je grüner und umweltbewusster wir alle uns verhalten, desto besser sieht es aus für unsere Zukunft auf diesem Planeten. In puncto Ernährung können wir Nachhaltigkeit gut mitdenken – auch mit unserem Studierendenbudget. Hier kommen unsere Top Drei für mehr Nachhaltigkeit in der Studierendenküche.

## Mehr Veggie

Es muss nicht jeden Tag Fleisch sein! Neuere Studien zeigen, dass eine pflanzenbasierte Ernährung mit gelegentlich Fleisch (1–2 x pro Woche) und Fisch (2 x pro Woche) aus Weidehaltung bzw. Wildfang eine bessere Ökobilanz hat als eine vegane oder fleischreiche Ernährung. Ersetze tierische Lebensmittel, vor allem verarbeitete Fleisch- und Wurstwaren, in deinen Gerichten durch pflanzliche Lebensmittel, z. B. in Form von Hülsenfrüchten wie Hummus oder Tofu.

## Bio ist besser

Kaufe, wenn möglich, Bio-Lebensmittel, denn der Bio-Landbau berücksichtigt sowohl Umwelt- als auch Tierschutz. Lebensmittel aus biologischem Anbau werden ohne chemisch-synthetische Dünger und ohne Pflanzenschutzmittel angebaut. Bei der Tierhaltung müssen bestimmte Standards zur Fütterung und Haltung strikt eingehalten und nachgewiesen werden.

## Regional und saisonal

Vor allem bei Obst und Gemüse macht es Sinn, regional und saisonal zu kaufen. Das ist meist preiswerter und hat eine bessere Umweltbilanz, weil Lagerung und lange Transportwege wegfallen. Obst und Gemüse aus der Region sind außerdem nährstoffreicher: Vitamine, Mineralstoffe und sekundäre Pflanzenstoffe mögen keine lange Lagerung, hohe Temperaturen oder zu viel Licht. Je eher die Ernte bei dir in der Küche landet, desto mehr gesunde Inhaltsstoffe bleiben erhalten. Übrigens: Auch Obst und Gemüse, das Eindruckstellen und Flecken hat, kann manchmal günstiger erworben werden. Dieses »unperfekte«, aussortierte Obst und Gemüse hat die gleichen inneren Werte wie die gut aussehenden Teile. Frag doch einfach mal beim Gemüsehändler deines Vertrauens danach.

# CIAO & ADIOS, LERNBLOCKADE

*Wir Studierende sind im Grunde Leistungssportler – wir trainieren beim Lernen unser Gehirn. Und wie Ausdauersportler oder Bodybuilder benötigen auch wir bestimmte Nährstoffe, damit alles optimal funktioniert. Hier verraten wir, wie du mit der richtigen Ernährung Konzentration und Denkleistung fördern kannst.*

*Erfolgreiches Lernen hängt auch mit der richtigen Nährstoffversorgung zusammen.*

## ESSEN UND LERNEN

Wer den ganzen Tag büffelt, muss auch gut essen. Denn ein konstanter Blutzuckerspiegel ist Voraussetzung, dass unser Hirn arbeiten kann. Für seine Arbeit nutzt das Gehirn fast ausschließlich Glukose (= Traubenzucker). Bestimmte Mineralien und Vitamine unterstützen außerdem die Denkleistung: Magnesium oder Eisen etwa sind wichtig für den Sauerstofftransport im Blut – ohne Sauerstoff keine gute Hirnleistung.

Auch ungesättigte Fettsäuren sind entscheidend für eine optimale Leistungsfähigkeit; die langkettigen Omega-3-Fettsäuren leisten einen wichtigen Beitrag bei Gehirnentwicklung und Sehleistung. Hochwertige Eiweiße sind nicht nur für Leistungssportler, sondern auch für uns »Gehirnjogger« sehr wichtig: Sie sind Bausteine für bestimmte Signal-Botenstoffe, um die Reizweiterleitung

*Frisches, nährstoffreiches Essen bringt auch deine grauen Zellen auf Trab!*

## Mikronährstoffe für alle

Doch unser Hirn ist nicht das einzige Organ, das Einfluss auf Leistung und Konzentration hat. Andere hormonproduzierende Organe, z. B. Schilddrüse, Bauchspeicheldrüse und Nebennierenrinde, sind ebenfalls am Energiestoffwechsel beteiligt. Die Schilddrüsenhormone nehmen Einfluss auf Antrieb und Vitalität, wichtig dabei sind die Mineralien Jod und Selen. In der Bauchspeicheldrüse wird Insulin produziert, ein lebenswichtiges Hormon zur Regulation des Zucker- und Fettstoffwechsels. In den Nebennieren wiederum wird der größte Teil unserer Stresshormone Cortisol, Adrenalin und Noradrenalin produziert. Diese sind mitschuldig für die typischen »Prüfungsangst«-Symptome (Hitzewallungen, Schwitzen, kalte Hände, Magenverstimmung usw.). Sie alle wollen gut versorgt sein, damit dein Körper Lernstress und Prüfungsanspannung gut verkraften kann.

## Die Mischung macht's!

Was kannst du nun aus dieser Zusammenfassung mitnehmen? Zentral für eine gute Denkleistung ist, dass du dich ausgewogen und gesund ernährst. Süßigkeiten und Fast Food sorgen zwar kurzfristig für einen Energieschub, lassen dich aber danach in ein tiefes Loch fallen: Der Blutzuckerspiegel steigt rasant an, du hast die Superpower! Danach jedoch fällt er genauso schnell wieder ab, deine Konzentration ist dahin und kommt so schnell nicht wieder – es sei denn, du pushst wieder mit schnell verfügbarem Zucker (hallo, Heißhunger!). Vollkornprodukte, frisches Obst und Gemüse sowie hochwertige Proteine dagegen helfen, die Konzentration langfristig stabil zu halten. Gerade in der herausfordernden Prüfungsphase können außerdem bestimmte Lebensmittel helfen, dein Stresslevel zu regulieren.

von einer Nervenzelle zur nächsten zu initiieren. Da unser Gehirn aus 100 Milliarden Nervenzellen zusammengesetzt ist, sind Proteine natürlich sehr relevant. Außerdem wichtig fürs Lernen: Ballaststoffe. Sie halten unseren Blutzucker konstant und sorgen außerdem für eine angenehme, lange Sättigung.

KEINE PANIK

PRÜ
FUNGS
TAG

# TOI TOI TOI – DIE DAUMEN SIND GEDRÜCKT

*Der Prüfungstag ist ein spezieller Tag im Studierendenleben. Bereits am Morgen kannst du spüren, wie das Adrenalin den Körper durchzieht und die innere Anspannung sich auf den Magen schlägt. Die Stresshormone sind dafür verantwortlich, dass dein Stoffwechsel an diesem Tag aus der Balance gerät und dein Blutzucker einige Höhen und Tiefen erlebt.*

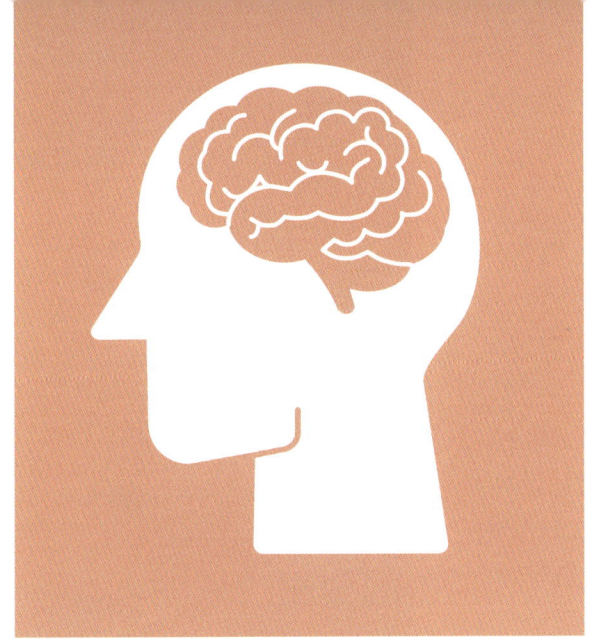

Am Prüfungstag ist es wichtig, deinen Blutzuckerspiegel konstant zu halten und deinen Körper mit guten Kohlenhydraten, gesunden Fetten und hochwertigem Eiweiß zu versorgen. Am besten stehen während der Prüfungsphase leicht verdauliche Mahlzeiten auf dem Speiseplan. Und auch wenn es schwerfällt: Vor der Prüfung bitte unbedingt frühstücken! Fährst du mit leerem Magen und dem ganzen Stress im Gepäck direkt zur Prüfung, riskierst du ein geistiges Energieloch – ohne Nahrung funktioniert dein Kopf einfach nur halb so gut.

Am Prüfungstag selbst hast du wahrscheinlich keinen Kopf zum Kochen. Am besten bereitest du dich also vor einer Prüfungsphase auch kulinarisch vor. Mach doch eine Pause vom Lernen, stelle dich in die Küche und bereite etwas Gesundes zu. Gerade in dieser stressigen Zeit ist es wichtig, dass du rundum gut versorgt bist und jederzeit eine ausgewogene Mahlzeit parat hast. Ansonsten schreit dein Körper nur irgendwann ganz laut »Zucker!« und du greifst möglicherweise zu Fast Food oder Süßigkeiten. Dein Blutzuckerspiegel allerdings fährt dann Achterbahn und die Konzentration ist erst mal dahin – keine guten Voraussetzungen für eine erfolgreiche Prüfung.

Setze stattdessen lieber auf Lebensmittel, die gut sind für dein Gehirn. Denn ja, die gibt es tatsächlich: Sie enthalten Nährstoffe, die unsere Gedächtnisleistung und die Sauerstoffbilanz im Gehirn verbessern – gerade in der Prüfungszeit ist das definitiv erstrebenswert. Versuche also, gerade jetzt Avocado, dunkle Schokolade, Blaubeeren, Walnüsse, Kurkuma, Lachs und Brokkoli in deinen Speiseplan einzubauen. Sie alle enthalten sekundäre Pflanzenstoffe oder Omega-3-Fettsäuren und helfen, dass Denkprozesse reibungslos ablaufen.

Apropos Denkprozesse: Die Sauerstoffversorgung ist für die Gehirnleistung übrigens das A und O. Plane deshalb gerade in Prüfungszeiten auch Bewegungspausen mit ein, am besten an der frischen Luft. So kommst du mal auf andere Gedanken und bringst neben der ganzen Büffelei deinen Kreislauf in Schwung.

**STRESSFREIE PRÜFUNGSZEIT**

☐ Meal-Prep

☐ regelmäßig essen

☐ gesunde Lebensmittel

☐ Bewegung

# KURKUMA-SMOOTHIE

*Gesunde Fette!* Es ist wichtig, dass auch während der Prüfungszeit unsere Abwehrkräfte gestärkt bleiben. Dafür sorgen Kurkuma (Curcumin) und Vitamin C, das reichlich in Paprika und Früchten enthalten ist. Das Leinöl liefert dazu wertvolle Omega-3-Fettsäuren.

**01** Die Orange und Limette auspressen. Mango schälen und und das Fruchtfleisch vom Stein schneiden. Die Paprika waschen und von Kernen und weißen Trennwänden befreien. Das Fruchtfleisch ebenfalls grob würfeln.

**02** Orangen- und Limettensaft, Mango und Paprika zusammen mit Kurkuma, Leinöl und Mandeldrink in ein Mixgefäß oder einen Standmixer geben und fein pürieren.

**03** Die Beeren waschen und kurz abtropfen lassen. Mit den Kirschen auf 2 Gläser verteilen und den Smoothie darübergießen.

---

**Zubereitung
10 Min.**

**ZUTATEN FÜR
2 PERSONEN:**

½ Orange

½ Limette

½ Mango

½ gelbe Paprika

½ TL gemahlene Kurkuma

1 TL Leinöl

150 ml Mandeldrink

50 g Heidelbeeren

50 g TK-Kirschen

**Pro Portion ca. 140 kcal
2 g EW, 5 g F, 20 g KH**

---

# GEBACKENES OATMEAL

**Zubereitung
15 Min.**

**Backen 30 Min.**

**ZUTATEN FÜR
2 PERSONEN:**

1 Banane
70 g Heidelbeeren
100 g Haferflocken
20 g Walnusskerne
20 g Erdnusskerne
200 ml Milch (ersatzweise
Mandeldrink)
1 Ei (M)
1 Msp. Zimtpulver
Ahornsirup (nach Belieben)

**AUSSERDEM:**

kleine Auflaufform (12 × 20 cm)

**Pro Portion ca. 470 kcal
19 g EW, 21 g F, 49 g KH**

*Ballaststoffe!* Hier kommt das perfekte Frühstück für den Prüfungstag: Die Haferflocken sind sehr ballaststoffreich und sättigen deshalb nachhaltig. Bananen sind die perfekten Energielieferanten und außerdem sehr gut für deine Gedächtnisleistung.

**01** Den Ofen auf 175° (Umluft) vorheizen. Die Banane schälen und in Scheiben schneiden. Die Heidelbeeren in einem Sieb gut waschen und abtropfen lassen.

**02** Haferflocken mit Nüssen, Beeren und Banane in einer Auflaufform mischen, einige Scheiben Banane und ein paar Beeren zurückbehalten. Milch mit Ei und Zimt in einer Tasse verquirlen und über die Haferflocken gießen. Dann die restlichen Bananenscheiben und Beeren darüber verteilen.

**03** Das Oatmeal ca. 30 Min. im heißen Ofen (Mitte) backen.

# BANANENBROT

*Vegan!* *Bananenbrot ist schnell zubereitet und ein absoluter Allrounder – ideal als Snack zwischendurch, zum Frühstück oder Abendbrot. Die Bananen fördern durch ihren hohen Mineralstoffgehalt die Konzentrationsfähigkeit. Magnesium als Anti-Stress-Mineral hilft außerdem beim Relaxen.*

**01** Den Backofen auf 160° (Umluft) vorheizen. Die Kastenform sorgfältig mit etwas Öl fetten.

**02** Von den Walnüssen einige zum Verzieren beiseitelegen, den Rest grob hacken. Die Bananen schälen und mit einer Gabel zerdrücken. Dann mit Öl, Sojadrink, Zimt und Kokosblütenzucker in einer Schüssel verrühren.

**03** Mehl, Backpulver und 1 Prise Salz separat vermischen. Dann die trockenen Zutaten zu den feuchten geben und alles kurz mit einem Kochlöffel verrühren. Anschließend den Teig in die Form füllen und mit den übrigen Walnüssen bestreuen. Im heißen Ofen ca. 50 Min. backen. Dann herausnehmen und kurz abkühlen lassen, aus der Form stürzen und komplett abkühlen lassen.

---

**Zubereitung
25 Min.**

**Backen 50 Min.**

**ZUTATEN FÜR 1 BROT:**

60 g Walnusskerne
3 reife Bananen
120 ml neutrales Öl
80 ml Sojadrink
½ TL Zimtpulver
30 g Kokosblütenzucker
200 g Vollkorn-Dinkelmehl
1 TL Backpulver
Salz

**AUSSERDEM:**

Kastenform (11 × 21 cm)
Öl für die Form

**Pro Portion ca. 140 kcal
2 g EW, 9 g F, 11 g KH**

*Am besten mit seeehr reifen Bananen!*

# LACHS MIT FENCHEL-KRUSTE

*Gesunde Fette!* *Lachs liefert nicht nur wertvolles Eiweiß, sondern auch die gesunden Omega-3-Fettsäuren DHA und EPA. Sie sind ein Bestandteil bei der Bildung neuer Gehirnzellverbindungen und übernehmen wichtige Aufgaben in unserem Immunsystem.*

**01** Den Backofen auf 180° (Umluft) vorheizen. Die Zitrone heiß waschen und abtrocknen. Die Schale abreiben, die Zitrone in dünne Scheiben schneiden. Die Süßkartoffeln schälen und in dünne Scheiben schneiden. Den Knoblauch schälen.

**02** Süßkartoffel- und Zitronenscheiben mit den Knoblauchzehen auf einem mit Backpapier belegten Backblech verteilen. Mit Olivenöl beträufeln, mit Salz und Pfeffer würzen.

**03** Die Fenchelsamen und Pfefferkörner in einem Blitzhacker grob zerkleinern, dann mit Zitronenabrieb und etwas Salz mischen.

**04** Die Süßkartoffeln im Ofen etwa 5 Min. backen. Inzwischen etwa die Hälfte der Gewürzmischung auf den Lachsfilets verteilen. Die übrige Gewürzmischung mit der Crème fraîche verrühren.

**05** Die Lachsfilets vorsichtig auf die Süßkartoffeln legen und im Ofen in ca. 15 Min. fertig garen. Inzwischen die Fenchelknolle putzen und fein hobeln. Petersilie und Minze waschen und trocken schütteln, die Blättchen abzupfen.

**06** Den Lachs aus dem Ofen nehmen, den Fenchel darauf verteilen. Alles mit Petersilie und Minze garnieren. Die Crème fraîche einmal durchrühren und dazu servieren.

**Zubereitung
50 Min.**

**ZUTATEN FÜR
2 PERSONEN:**

½ Bio-Zitrone
400 g Süßkartoffeln
4 Knoblauchzehen
2 EL Olivenöl
Salz | Pfeffer
1 EL Fenchelsamen
½ TL weiße Pfefferkörner
300 g Lachsfilet (frisch oder TK)
200 g Crème fraîche
½ Fenchelknolle
Petersilie und Minze
für die Deko

**Pro Portion ca. 850 kcal
37 g EW, 63 g F, 65 g KH**

Kein Fisch?
Wie wäre es mit
Hähnchenbrust?

Cashew und Quinoa sind eine super Eiweiß-Kombi!

# SÜSSKARTOFFELAUFLAUF MIT QUINOA

*Vegan!* *Dieses Rezept ist nicht nur schön bunt und sättigend, sondern vor allem einfach und schnell. Süßkartoffeln und Blattspinat liefern spezielle sekundäre Pflanzenstoffe, die unsere kognitive Leistung unterstützen und für allgemeines Wohlbefinden sorgen. Echtes Brain-Food!*

01 Den Backofen auf 200° vorheizen. Die Frühlingszwiebeln waschen, putzen und mit dem knackigen Grün in Ringe schneiden. Den Kürbis waschen, halbieren, putzen und mit einem Löffel entkernen. Das Fruchtfleisch in 1 cm große Würfel schneiden. Den Spinat verlesen, waschen und trocken schleudern. Die Quinoa in ein Sieb geben und unter fließendem Wasser waschen.

02 Das Olivenöl in einem Topf erhitzen und den Kürbis darin 1–2 Min. anbraten. Dann die Quinoa und die Gemüsebrühe dazugeben und alles bei geschlossenem Deckel ca. 8 Min. bei mittlerer Hitze köcheln lassen.

03 Spinat, Frühlingszwiebeln und Cashewkerne dazugeben und alles einmal durchrühren, mit Salz, Pfeffer und Rosmarin würzen. Dann die Masse in eine Auflaufform füllen und im heißen Ofen ca. 15 Min. backen, bis der Auflauf goldbraun wird.

---

**Zubereitung
20 Min.**

**Backen 15 Min.**

**ZUTATEN FÜR
2 PERSONEN:**

2 Frühlingszwiebeln
350 g Hokkaido-Kürbis
60 g Baby-Blattspinat
125 g Quinoa
1 EL Olivenöl
350 ml Gemüsebrühe
80 g Cashewkerne
Salz | Pfeffer
1 Msp. getrockneter Rosmarin

**AUSSERDEM:**

Auflaufform (ca. 20 × 20 cm)

**Pro Portion ca. 588 kcal
19 g EW, 26 g F, 72 g KH**

# KARTOFFELSALAT MIT THUNFISCH

*Ballaststoffe!* Dieser Salat ist etwas Besonderes, nämlich eine ganze Mahlzeit. Kaum zu glauben, aber hier findest du hochwertiges Eiweiß, Omega-3-Fettsäuren und viele Ballaststoffe – du bist also perfekt gerüstet für die maximale Konzentrations- und Leistungsfähigkeit.

**01** Reichlich Wasser zum Kochen bringen und die Kartoffeln in 20–30 Min. garen. Anschließend abgießen und zunächst vollständig abkühlen lassen.

**02** Die Eier anstechen und in einem Topf mit Wasser bedecken. Einmal aufkochen und die Eier bei geschlossenem Deckel in ca. 10 Min. hart kochen, dann kalt abschrecken und pellen.

**03** Den Thunfisch in ein Sieb geben und kurz abtropfen lassen. Dann in einem Mixbecher mit Joghurt, saurer Sahne, Gurkensud und Olivenöl fein pürieren. Mit Salz und Pfeffer würzen.

**04** Einen Topf mit gesalzenem Wasser zum Kochen bringen. Die Möhren putzen, schälen, fein würfeln. Möhrenwürfel, grüne Bohnen und Erbsen ca. 2 Min. im kochenden Wasser blanchieren. Anschließend abgießen und kurz abtropfen lassen.

**05** Den Apfel waschen, halbieren, vom Kerngehäuse befreien und in Würfel schneiden. Eier und Essiggurken ebenfalls in kleine Würfel schneiden. Die Zwiebel schälen und fein hacken.

**06** Die Kartoffeln pellen, dann in 1 cm große Würfel schneiden. Alle Zutaten in eine große Schüssel geben, gut vermischen und vor dem Servieren mind. 20 Min. ziehen lassen.

---

**Zubereitung 35 Min.**

**Kühlen 1 Std.**

**Marinieren 20 Min.**

**ZUTATEN FÜR 2 PERSONEN:**

600 g festkochende Kartoffeln
2 Eier (M)
1 Dose Thunfisch im eigenen Saft (Abtropfgewicht 150 g)
150 g Joghurt
75 g saure Sahne
60 g Essiggurken
+ 2 EL Gurkensud
2 EL Olivenöl
Salz | Pfeffer
170 g Möhren
50 g TK-grüne-Bohnen
50 g TK-Erbsen
½ Apfel
½ rote Zwiebel

**Pro Portion ca. 650 kcal**
**36 g EW, 28 g F, 58 g KH**

Ab in die Box:
Ideal zum Ein-
packen und Mit-
nehmen!

Let's talk about
Snacks!

# ERDNUSS-ENERGY-BALLS

*Energie!* *Da soll noch jemand sagen, es gebe keine gesunden Snacks: Diese Bällchen sind nicht nur energiereich, sie fördern dank der gesunden Fette auch deine Konzentration und Gedächtnisleistung. Die Datteln sind eine hochwertige Mineralstoffquelle, sie enthalten Magnesium, Kalium, Eisen, Phosphor und Calcium!*

**01** Die Kokosraspel in einer Pfanne ohne Öl goldbraun rösten, dann in einem Blitzhacker zerkleinern, herausnehmen und auf einem tiefen Teller beiseitestellen.

**02** Datteln, Aprikosen, Mandeln, Sonnenblumenkerne, Zimt und Erdnussbutter in den Blitzhacker geben und zerkleinern, bis eine homogene, etwas klebrige Masse entsteht. Mit den Händen kleine, mundgerechte Bällchen formen. Die Bällchen in den vorbereiteten Kokosraspeln wälzen. Luftdicht verpackt im Kühlschrank lagern. Die Bällchen lassen sich auch wunderbar einfrieren und nach Bedarf auftauen.

**Zubereitung
20 Min.**

**ZUTATEN
FÜR 20 STÜCK:**

50 g Kokosraspel
100 g getrocknete Datteln
100 g getrocknete Aprikosen
80 g Mandeln
20 g Sonnenblumenkerne
1 Msp. Zimtpulver
75 g Erdnussbutter

**Pro Stück ca. 95 kcal
3 g EW, 6 g F, 7 g KH**

# FRÜCHTEKUCHEN

*Zuckerfrei!* Oh yeah, Kuchen! Er eignet sich perfekt als Zwischenmahlzeit während der Prüfung, wenn dein Hirn neuen Sprit braucht: Omega-3-Fettsäuren, Eiweiß und viele Ballaststoffe bringen den Kopf wieder auf Touren.

**01** Die Früchte grob hacken, in einer Schüssel mit Wasser bedecken und mind. 8 Std. einweichen.

**02** Nach Ablauf der Einweichzeit den Ofen auf 160° (Umluft) vorheizen. Die Form fetten. Die Früchte durch ein Sieb abgießen und abtropfen lassen. Die Nüsse grob hacken.

**03** Das Mehl mit dem Zimt mischen.

**04** Die Eier trennen. Das Eiweiß steif schlagen und beiseitestellen.

**05** Die Butter in einer Schüssel schaumig rühren, Eigelb, Milch und Mehl-Zimt-Mischung unterrühren. Dann die Früchte und Nüsse untermischen, anschließend den Eischnee unterheben.

**06** Den Teig in die vorbereitete Form füllen und im heißen Ofen (Mitte) ca. 45 Min. backen. Anschließend herausnehmen und kurz abkühlen lassen, dann aus der Form lösen und vollständig abkühlen lassen. Zum Servieren in Scheiben schneiden.

---

**Zubereitung
30 Min.**

**Einweichen 8 Std.**

**Backen 45 Min.**

**ZUTATEN FÜR
1 KASTENFORM:**

400 g gemischtes Trockenobst (z. B. Aprikosen, Feigen, Rosinen …)

200 g gemischte Nüsse

200 g Vollkorn-Dinkelmehl

½ TL Zimtpulver

3 Eier (M)

100 g weiche Butter

125 ml Milch

**AUSSERDEM:**

Kastenform (30 cm)
Fett für die Form

**Pro Portion ca. 215 kcal
5 g EW, 12 g F, 20 g KH**

Nach dem
Backen 1 Tag
durchziehen
lassen.

WHOOP WHOOP

# PARTY
# TAG

# LET´S GET THE PARTY STARTED

*Bei uns gibt es keine Party ohne Büfett! Wir lieben es, mit Freunden zu kochen und alte Klassiker neu aufzupeppen. Ob vegan, vegetarisch oder fleischig, alle Gerichte werden dir eine gute Grundlage für eine lange Nacht bieten … also lass die Korken knallen!*

**ERNÄHRUNGSTHERAPIE** 🍌 🥗 🥬

YEAH - die letzte Prüfung ist geschafft, endlich liegt die Klausurenphase hinter uns! 🎉

**SOPHIE**
Das müssen wir auf jeden Fall feiern!

**FRIEDRICH**
Ich bin dabei! Wie letztes Mal bei dir @Antonia?

**ANTONIA**
Geht klar, am besten bringt wieder jeder was mit.

**HANNAH**
Oh man, ich würde auch so gerne voll abfeiern, aber ich muss morgen einigermaßen fit sein... Meine Oma feiert doch ihren 80. Geburtstag... 😢

**MAX** *1
Keine Panik, ich kenn da nen guten Trick. Hab ich von ner polnischen Hochzeit, wo ich mal war :D Dann bist du morgen auf jeden Fall fit^^

Wir studieren ja nicht umsonst Ernährungstherapie ;) Ich bring da auch was Cooles mit.

**SOPHIE** *2
Also ich mach die geile Guacamole. Die kam ja letztes Mal mega an. 🥑

**FRIEDRICH** *3
Ich bringe meine weltberühmten Brownies mit, da hat der Kater keine Chance :D

**ANTONIA** *4
Und die Sommerrollen mit Lachs sind schon in der Mache! 🐟

**HANNAH**
Na ok, wenn ihr da alle so vorbereitet seid^^ Wann solls losgehen? 🕺

*1 In Polen werden Hochzeiten so richtig groß gefeiert: Um 12 Uhr mittags fällt der Startschuss für stündlich wechselnde Gerichte und jede Menge Wodka. Um am nächsten Tag das Gleiche noch mal veranstalten zu können (so eine polnische Hochzeit dauert!), heißt es unbedingt fit zu bleiben. Der Trick dabei? Nach jedem Kurzen einen großen Schluck Wasser. Aber Achtung: Wer viel trinkt, hat schnell eine volle Blase. Mit dem schlauen Griff zum Zwischenwasser verminderst du auf jeden Fall die unangenehmen Zeichen einer Dehydrierung. Beim Entleeren der Blase kann aber eine große Menge Elektrolyte verloren gehen. Auffüllen kannst du die mit Käse, Ei oder einer Handvoll Salzstangen.

*2 Fette stärken das Gefühl der Sättigung, da sie besonders lang im Verdauungstrakt verweilen. Sie verlangsamen die Verdauung, womit auch die Alkoholaufnahme verzögert stattfindet. Das schont die Leber, da sie den Alkohol erst nach und nach verstoffwechseln muss. Auch am Partytag lohnt es sich also, zu den gesunden Fetten zu greifen, z. B. zu Avocado. Sie enthält außerdem Vitamine, die eine Schlüsselrolle für den Alkoholabbau (Vitamin B5) spielen oder das antioxidative Potenzial deines Körpers erhöhen (Vitamin A und E).

*3 Damit alle Enzyme rund um den Abbau von Alkohol und dessen Stoffwechselprodukte ungestört ihre Arbeit verrichten können, sind sie auf eine ausreichende Versorgung mit den Vitaminen B3 und B5 angewiesen. Bediene dich dafür großzügig an einem Erdnuss-Snack – am besten Erdnüsse in ihrer natürlichen Form.

*4 Fisch, vor allem Lachs, eignet sich hervorragend als Quelle für hochwertige Proteine. Er versorgt dich außerdem mit den Vitaminen B3, B5 und antioxidativen Mikronährstoffen wie Selen, Zink und Vitamin E. Da steht einer durchtanzten Nacht nichts mehr im Weg!

*Ein Schuss Tabasco gibt Extrawürze!*

# GUACAMOLE MIT NACHOS

*Gesunde Fette!* *Selbst gemachte Guacamole ist der gesündeste Party-Dip, den alle mögen. Die Avocado liefert viele gute Fette und fettlösliche Vitamine (A, E, D und K). Kombiniert mit der antientzündlichen Wirkung von Knoblauch und Chili eine rundum gesunde Sache für das nächste Partybüfett.*

01 Die Zwiebel und die Knoblauchzehe schälen, in feine Würfel schneiden und beiseitestellen.

02 Die Avocados halbieren und vom Kern befreien. Das Fruchtfleisch mit einem Löffel herauslösen, in eine Schüssel geben und mit einer Gabel zerdrücken. Chilipulver nach Belieben, Zitronensaft, etwas Salz und Pfeffer untermischen. Zuletzt den Knoblauch und die Zwiebel untermischen und die Guacamole bis zum Servieren kalt stellen. Die Nachos zum Servieren in eine große Schüssel füllen.

---

**Zubereitung
20 Min.**

**ZUTATEN FÜR
4 PERSONEN:**

½ rote Zwiebel

1 Knoblauchzehe

2 reife Avocados

Chilipulver (nach Belieben)

2 EL Zitronensaft

Salz | Pfeffer

1 Tüte Nacho-Chips (200 g)

**Pro Portion ca. 415 kcal
4 g EW, 32 g F, 25 g KH**

# FALAFELN MIT KRÄUTER-TOFUQUARK

*Fingerfood!* *Falafeln sind das perfekte Büfett-Essen. Sie lassen sich super in großer Menge vorbereiten und versorgen so easy eine ganze Party-Meute. Und keine Sorge: Die Masse bröselt etwas, das gehört aber so.*

**01**   Die Kichererbsen mind. 8 Std., besser über Nacht, in Wasser einweichen. Anschließend durch ein Sieb abgießen, unter kaltem Wasser abspülen und abtropfen lassen.

**02**   Die Petersilie waschen und trocken schütteln. Kichererbsen und Petersilie in einen Blitzhacker geben und sehr fein zerkleinern, dann 300 ml Wasser untermixen. Die Masse anschließend mit Salz und Ras el Hanout würzen.

**03**   Etwa die Hälfte des Öls in einer weiten Pfanne erhitzen. Aus der Falafelmasse mit den Händen ca. 30 walnussgroße Falafeln formen. Die Masse ist sehr bröselig, deshalb gut zusammendrücken und direkt in die heiße Pfanne geben. Bei mittlerer Hitze in ca. 5 Min. goldbraun braten, dabei einmal wenden. Die Falafeln anschließend auf Küchenpapier abtropfen lassen.

**04**   Den Seidentofu mit Joghurt, Olivenöl und Zitronensaft verrühren. Die Kräuter unterheben und alles mit Salz und Pfeffer würzen. Die Falafeln mit dem Kräuterquark servieren.

---

**Zubereitung 35 Min.**

**Einweichen 8 Std.**

**ZUTATEN FÜR 6–8 PERSONEN**

500 g Kichererbsen

1 Bund Petersilie

Salz | Pfeffer

3 TL Ras el Hanout

2 TL Backpulver

250 ml neutrales Öl

400 g Seidentofu

200 g Sojaghurt (ungesüßt)

2 EL Olivenöl

2 EL Zitronensaft

2 EL TK-Kräutermischung

**Pro Portion ca. 630 kcal
17 g EW, 45 g F, 37 g KH**

Die schmecken
kalt und warm!

# RAINBOW-LASAGNE

*Ballaststoffe!* *Diese etwas andere Lasagne macht schnell und lange satt. Zudem liefert sie viele Vitamine und Mineralien wie Eisen und Calcium und ist damit das perfekte Essen für jede lange Partynacht.*

**01** Nussmus und Haferdrink mit 100 ml Wasser glatt rühren. 3 EL Olivenöl erhitzen, das Mehl unter Rühren anschwitzen. Die Nussmus-Mischung gut einrühren, ca. 5 Min. bei schwacher Hitze unter ständigem Rühren köcheln lassen. 3 EL Mozzarella unterrühren, salzen und pfeffern.

**02** Zwiebel und Knoblauch schälen. Möhren putzen und schälen. Paprika waschen, halbieren, von Kernen und weißen Trennwänden befreien. Alles fein würfeln. Pilze abreiben, putzen und grob hacken. Grünkohl und Wirsing waschen und trocken schleudern. Rote Bete dünn schneiden.

**03** Den Ofen auf 180° vorheizen. Reichlich Salzwasser aufkochen, den Kohl darin ca. 1 Min. blanchieren, dann eiskalt abschrecken.

**04** 1 EL Olivenöl erhitzen, etwas Zwiebel und Knoblauch darin anschwitzen. Möhren und Paprika kurz andünsten, die Brühe angießen und ca. 5 Min. köcheln lassen. Den Rest Zwiebel und Knoblauch in 1 EL Olivenöl anschwitzen. Die Pilze goldbraun anbraten, dann den Kurkuma unterrühren.

**05** Alle Zutaten in eine Auflaufform schichten: Etwas Sauce hineingeben, darauf eine Schicht Lasagneblätter. Das Gemüse in Schichten einfüllen, dazwischen Lasagneblätter und Sauce in die Form geben. Zuletzt den übrigen Mozzarella aufstreuen. Die Lasagne im heißen Ofen (Mitte) 45 Min. backen. Zum Servieren je ein Stück Lasagne auf ein Wirsingblatt setzen.

---

**Zubereitung
1 Std. 20 Min.**

**Backen 45 Min.**

**ZUTATEN FÜR
4-6 PERSONEN:**

5 EL Nussmus

500 ml Haferdrink

5 EL Olivenöl

2 EL Vollkorn-Mehl

250 g geriebener Mozzarella

Salz | Pfeffer

1 Zwiebel

2 Knoblauchzehen

2 Möhren

1 rote Paprika

400 g Champignons

250 g Grünkohl

4-6 große Wirsingblätter

500 g gegarte Rote Bete (vakuumverpackt)

250 ml Gemüsebrühe

1 TL gemahlene Kurkuma

350 g Vollkorn-Lasagneblätter

**AUSSERDEM:**

Auflaufform (20 × 30 cm)

**Pro Portion ca. 735 kcal
27 g EW, 35 g F, 74 g KH**

Lad die ganze
WG ein!

*Lachs enthält viele Omega-3!*

# SOMMERROLLEN MIT RÄUCHERLACHS

*Fingerfood!* *Hier ist Teamgeist gefragt: Für die Party die Zutaten ganz einfach separat vorbereitet mitbringen und dann gemeinsam vor Ort einrollen und anrichten. So kleben die Rollen nicht zusammen.*

**01** Reichlich Salzwasser zum Kochen bringen. Die Glasnudeln darin in ca. 2 Min. bissfest garen, durch ein Sieb abgießen, kalt abbrausen und abtropfen lassen.

**02** Das Salatherz putzen, waschen und trocken schleudern. Den Rotkohl putzen und evtl. von äußeren welken Blättern befreien. Dann in sehr feine Streifen schneiden oder hobeln. Die Gurke waschen und in sehr feine Streifen schneiden. Den Schnittlauch waschen, trocken schütteln, in Röllchen schneiden und mit den abgetropften Glasnudeln mischen.

**03** Ein sauberes Küchenhandtuch nass machen, gut auswringen und auf der Arbeitsfläche auslegen. Je 2 Blätter Reispapier in lauwarmem Wasser einweichen, bis sie weich sind.

**04** Ein Reispapierblatt auf dem Handtuch auslegen. In die Mitte eine Scheibe Lachs legen, dann die übrigen Zutaten für eine Sommerrolle darauflegen und mit einem Salatblatt abdecken. Das Reispapier seitlich einschlagen und zu einer Rolle aufwickeln. Das zweite Reispapier auslegen und die fertige Rolle nochmal eng einwickeln. Auf diese Weise 8–10 Rollen formen und auf eine Platte legen. Mit den Saucen servieren.

---

**Zubereitung
45 Min.**

**ZUTATEN
FÜR 8-10 STÜCK:**

Salz
100 g Glasnudeln
1 Salatherz
400 g Rotkohl
¼ Salatgurke
1 Bund Schnittlauch
16-20 Blätter Reispapier
(ca. 200 g)
200 g Räucherlachs
Sojasauce und Sriracha-Sauce
zum Servieren

**Pro Portion ca. 165 kcal
7 g EW, 3 g F, 28 g KH**

*Klein, handlich
und superlecker!*

# TACOS MIT HACK

*Snacktime!* *Das Rezept für die Taco-Schalen kannst du übrigens easy abwandeln: Sie schmecken auch mit Hähnchenbrust und Avocado, mit Bohnenpfanne oder einem Käsesalat gefüllt. Was immer perfekt dazupasst: unsere Guacamole!*

**01**    Zwiebel und Knoblauch schälen und fein würfeln. Das Oliven-öl in einer Pfanne erhitzen und Zwiebel und Knoblauch darin andünsten. Das Hackfleisch dazugeben und anbraten, bis es krümelig wird. Dann Chili, Paprika, Kreuzkümmel, Korian-der, Oregano, Lorbeerblatt, Salz und Pfeffer unterrühren und alles 1 weitere Min. braten. Dann die Gemüsebrühe und die passierten Tomaten in den Topf geben und alles ca. 15 Min. bei schwacher Hitze köcheln lassen.

**02**    Die Kidneybohnen und den Mais in ein Sieb abgießen und abtropfen lassen. Beides kurz vor Ende der Garzeit in den Topf geben und etwas mitköcheln lassen. Wer die Tacos als Mit-bringsel plant, packt nun alle Zutaten separat ein.

**03**    Den Ofen auf 200° vorheizen. Die Taco-Schalen in einer Auf-laufform verteilen, das Chili hineinfüllen und den Käse darüber-streuen. Dann im heißen Ofen 5–10 Min. überbacken, bis der Käse leicht geschmolzen ist, aber nicht bräunt.

**04**    Die Frühlingszwiebeln putzen, waschen und in feine Ringe schneiden. Zum Servieren über die Tacos streuen. Wer mag, serviert noch etwas Créme fraîche dazu.

---

**Zubereitung
30 Min.**

**Backen 10 Min.**

**ZUTATEN FÜR
6 PERSONEN:**

1 Zwiebel | 2 Knoblauchzehen
250 ml Gemüsebrühe
500 g Rinderhack
2 EL Olivenöl | ½ TL Chilipulver
1 TL Paprikapulver
1 TL Kreuzkümmel
1 TL Koriander | ½ TL Oregano
Salz | Pfeffer
1 Lorbeerblatt
500 ml passierte Tomaten
1 Dose Kidneybohnen
(240 g Abtropfgewicht)
1 Dose Mais (285 g Abtropfgewicht)
12 Taco-Schalen
200 g geriebener Mozzarella
½ Bund Frühlingszwiebeln

**AUSSERDEM:**

Auflaufform (20 × 35 cm)

**Pro Portion ca. 570 kcal
32 g EW, 35 g F, 31 g KH**

# MINI-SÜSSKARTOFFEL-PIZZA

*Fingerfood!* *Hier dient die Süßkartoffel als Grundlage, sie liefert neben Ballaststoffen reichlich Mineralstoffe und Vitamine. Sie enthält vor allem viel Betacarotin, das ist wichtig für die Augen und hat eine antientzündliche und zellschützende Wirkung.*

**01** Den Backofen auf 200° vorheizen. Die Süßkartoffeln gründlich waschen und längs in ca. 7 mm dicke Scheiben schneiden. Die Scheiben auf ein mit Backpapier begelegtes Backblech legen und mit Olivenöl bestreichen. Die Süßkartoffeln 10–15 Min. backen, sodass sie noch leicht Biss haben.

**02** Inzwischen Tomaten waschen und halbieren. Oregano unter die passierten Tomaten mischen und mit etwas Salz und Pfeffer abschmecken. Die Frühlingszwiebeln putzen, waschen und mit dem knackigen Grün in dünne Ringe schneiden. Thunfisch in einem Sieb abtropfen lassen und mit der Gabel locker zerzupfen. Den Mozzarella in kleine Stückchen schneiden.

**03** Die Süßkartoffelscheiben aus dem Ofen nehmen und mit der Tomatensauce bestreichen. Dann die Scheiben wie kleine Pizzen mit Tomaten, Mozzarella, Thunfisch, Frühlingszwiebeln und Kapern bestreuen. Mit Salz und Pfeffer würzen.

**04** Das Ganze nochmals für 10–15 Min. in den Ofen geben, bis der Käse leicht zerlaufen ist. Inzwischen den Rucola evtl. verlesen, waschen und trocken schleudern. Die Süßkartoffel-Pizzen aus dem Ofen nehmen und mit Rucola bestreut servieren.

**Zubereitung 30 Min.**

**Backen 30 Min.**

**ZUTATEN FÜR 4 PERSONEN:**

2 Süßkartoffeln (600 g)
1 EL Olivenöl
150 g Kirschtomaten
½ Bund Basilikum
½ TL getrockneter Oregano
200 g passierte Tomaten
Salz | Pfeffer
2 Frühlingszwiebeln
1 Dose Thunfisch im eigenen Saft (130 g Abtropfgewicht)
125 g Mozzarella
1 EL Kapern
1–2 Handvoll Rucola

**Pro Portion ca. 355 kcal
18 g EW, 13 g F, 41 g KH**

Beim Belag
darfst du kreativ
werden!

*Lass dir den*
*Abend versüßen!*

# ANTI-KATER-BROWNIES

*Vegan!* *Wie man einem Kater entkommt, ist vermutlich eine der größten Fragen der Partygeschichte. Diese Brownies können helfen: Die Datteln liefern Kalium, das Salz Natrium, die Erdnüsse Magnesium und etwas Calcium – genau das fehlt uns nämlich bei einem Kater. Dosierung: Den Brownie am Ende des Abends mit einem großen Glas Wasser genießen!*

**01**  Die Datteln mit Erdnussmus, Kakao, Zimt, 2 Prisen Salz und Öl in einen Blitzhacker geben und zu einer cremigen Paste mixen.

**02**  Die Walnüsse grob in der Hand zerbrechen und unterheben.

**03**  Die Auflaufform mit Backpapier auslegen. Die Masse auf das Backpapier geben, gleichmäßig verteilen und festdrücken. Die Kokosraspel über den Teig streuen.

**04**  Die Brownies mind. 2 Std. kaltstellen. Dann mit dem Backpapier aus der Auflaufform heben und in 12 Stücke schneiden.

**Zubereitung
20 Min.**

**Kühlen 2 Std.**

**ZUTATEN
FÜR 12 BROWNIES:**

450 g Datteln

150 g Erdnussmus

50 g Backkakao

½ TL Zimtpulver

Salz

2 EL Rapsöl

60 g Walnusskerne

2–3 EL Kokosraspel

**AUSSERDEM:**

Auflaufform (20 × 20 cm)

**Pro Portion ca. 270 kcal
6 g EW, 14 g F, 27 g KH**

# PIÑA-COLADA-MUFFINS

*Süßkram!* *Ein leichter und erfrischender süßer Snack für den fortgeschrittenen Party-Abend. Gerade zu später Stunde meldet sich gerne mal der Jieper auf etwas Süßes … Da kommen diese feinen Muffins gerade recht!*

**01**  Den Backofen auf 175° vorheizen. Die Mulden des Muffinblechs mit Papierförmchen auskleiden.

**02**  Mehl mit Backpulver, Kokosraspeln und Zucker vermischen. Die Zitrone heiß waschen, abtrocknen und die Schale fein abreiben. Eier, Öl, Joghurt und Zitronenschale in einer zweiten Schüssel gut verrühren. Die Ananas abgießen, dabei den Saft auffangen. Die Ananasscheiben in kleine Stücke schneiden.

**03**  Die feuchten Zutaten zu den trockenen Zutaten geben und verrühren. Die Ananasstückchen rasch untermischen. Den Teig in die Förmchen füllen und im heißen Ofen (Mitte) ca. 25 Min. backen. Die Muffins herausnehmen und 5 Min. im Backblech ruhen lassen, dann aus der Form nehmen.

**04**  Für den Guss den Puderzucker mit 3 EL Ananassaft verrühren. Die abgekühlten Muffins damit glasieren und nach Belieben noch mit Zuckerperlen bestreuen.

---

**Zubereitung 30 Min.**
**Backen 25 Min.**

**ZUTATEN
FÜR 12 STÜCK:**

175 g Mehl | 2 TL Backpulver
70 g Kokosraspel
100 g Rohrzucker
1 Bio-Zitrone | 2 Eier (M)
100 ml neutrales Öl
250 g Joghurt | 1 Dose Ananas
(340 g Abtropfgewicht)
125 g Puderzucker
Zuckerperlen (nach Belieben)
12er-Muffinblech
Papierförmchen

**Pro Stück ca. 240 kcal
4 g EW, 14 g F, 24 g KH**

# GEMÜSE-MUFFINS

**Zubereitung
25 Min.**

**Backen 25 Min.**

**ZUTATEN
FÜR 12 STÜCK:**

300 g vorwiegend
festkochende Kartoffeln

2 Möhren

1 Zucchin

4 Eier (M)

3 EL geriebener Käse

3 EL Milch

4 EL Mehl

1 TL Backpulver

Salz | Pfeffer

½ TL getrockneter Thymian

**AUSSERDEM:**

12er-Muffinblech
Papierförmchen

**Pro Stück ca. 80 kcal
5 g EW, 43 g F, 8 g KH**

*Fingerfood!* Diese Gemüse-Muffins sind eine prima Möglichkeit, etwas Gemüse und Eiweiß ins Party-Volk zu
kriegen – ohne Verzicht auf Geschmack. Da lassen bestimmt alle Chips, Gummibärchen und Co. links liegen ...

**01** Den Backofen auf 180° vorheizen. Das Muffinblech mit Papierförmchen auskleiden.

**02** Kartoffeln und Möhren schälen. Den Zucchino waschen und
putzen. Gemüse und Kartoffeln grob raspeln.

**03** Die Gemüseraspel in einer Schüssel mischen. Eier, Käse, Milch,
Mehl und Backpulver unterrühren, dann die Masse mit Salz,
Pfeffer und Thymian würzen.

**04** Den Teig in die vorbereiteten Förmchen füllen und im heißen
Ofen (Mitte) ca. 25 Min. goldbraun backen. Dann die Muffins
herausnehmen und abkühlen lassen.

KATZENJAMMER

# KATER
# TAG

# DAS LETZTE BIER WAR SCHLECHT

*Juhu, die Prüfungen sind erfolgreich geschafft und die anschließende Party gestern war großartig. Oje ... vielleicht etwas zu großartig. Fast alle kennen dieses Gefühl, wenn es am Abend vorher dann doch ein oder zwei Gläschen zu viel des Guten waren ...*

Da dem Körper durch den Alkohol reichlich Wasser und damit auch wichtige Mineralstoffe entzogen wurden, müssen diese unbedingt wieder zugeführt werden. Gleichzeitig wird der Alkohol in der Leber abgebaut und über die Nieren ausgeschieden. Auch hier hilft es, reichlich Mineralwasser zu trinken, damit die Nieren ordentlich arbeiten können. Falls sich irgendwann Hunger meldet, dann lieber zu leichten Gerichten greifen: Hier helfen eine schonende Zubereitung und wertvolle Zutaten, um unsere genervte Leber, den schmerzenden Bauch, den verwirrten Magen und den pochenden Kopf nicht noch weiter belasten.

Natürlich ist zum Ausnüchtern nicht nur eine gute Ernährung hilfreich. Auch Entspannung, ausreichend Schlaf, ein Spaziergang an der frischen Luft oder eine Lieblingsserie können dazu beitragen, die Symptome zu mildern. Wichtig ist auf alle Fälle, sich am Tag nach der Party Ruhe zu gönnen und den Körper regenerieren zu lassen. Und irgendwann, spätestens am nächsten Tag, ist der Katzenjammer auch wieder ausgestanden.

Am Ende fließen die Getränke in Massen, alle wollen anstoßen, das Glas wird einfach aufgefüllt, weil es nur noch halb voll ist und – ZACK! – ist man betrunken. Wahrscheinlich waren nicht nur edle Tröpfchen dabei, sondern auch der eine oder andere Fusel. Die Folgen dieses Erlebnisses bekommen wir dann am nächsten Tag zu spüren: Wir haben einen Kater. Und da wird der ganze Körper in Mitleidenschaft gezogen.

Der Kopf leidet nicht nur aufgrund von unangenehmen Erinnerungen an peinliche Aktionen am Abend. Hinzu kommen Schwindel, Übelkeit, vielleicht muss man sich sogar übergeben. Der Kopf pocht, das Herz klopft, alles dreht sich, man zittert und möchte am liebsten einfach die Augen schließen und alles vergessen. So ein Kater ist wirklich nicht angenehm und ein Wundermittel heiß begehrt. Aber wir sagen es mal, wie es ist: Da musst du jetzt durch. Die gute Nachricht aber ist, dass es natürlich die eine oder andere Möglichkeit gibt, den Körper beim Abbau des Alkohols zu unterstützen.

**ANTI-KATER-CHECKLISTE**

- [ ] mind. 2,5 l Wasser
- [ ] ausreichend Schlaf
- [ ] frische Luft
- [ ] leichte Mahlzeiten

# RECOVERY-BOWL

*Frischekick!* *Durch diese Bowl wirst du zum Powerranger im Kampf gegen den Kater. Alle wichtigen Vitamine kommen deinem Körper zu Hilfe und geben der nervigen Mieze keine Chance. Wenn du die Bowl noch draußen bei Sonnenschein isst, hilft sie gleich doppelt so gut!*

01 Das Obst, wenn nötig, schälen und waschen. Dann in grobe Stücke schneiden, in einen hohen Becher oder einen Standmixer geben und fein pürieren. Nach Belieben die Früchte für die Deko schälen und in Stücke schneiden.

02 Die Masse in eine Schüssel geben und mit den vorbereiteten Früchten garnieren. Die Nüsse grob hacken und über das Obst streuen. Zuletzt den Honig darüberträufeln.

---

**Zubereitung
10 Min.**

**ZUTATEN FÜR
2 PERSONEN:**

400 g gemischtes Lieblingsobst
(z. B. Banane, Beeren)
Früchte für die Deko (nach Belieben, z. B. Kiwi und Banane)
30 g Paranusskerne (ersatzweise Walnusskerne)
2 TL Honig

**Pro Portion ca. 240 kcal
4 g EW, 11 g F, 31 g KH**

Schmeckt auch
mit TK-Obst!

# HANGOVER-SMOOTHIE

*Vitamine!* *Dieser Smoothie ist fruchtig lecker … kauen muss man das Ganze auch nicht. Der Vitaminbooster stärkt das Herz-Kreislauf-System, mindert die Übelkeit und liefert wichtige Nährstoffe in leicht verdaulicher Form. Genau das Richtige für den Tag nach der Party.*

**01**  Die Bananen schälen und in grobe Stücke schneiden. Den Spinat verlesen, waschen und trocken schütteln. Den Ingwer schälen und grob schneiden.

**02**  Bananen, Spinat, Ingwer, Joghurt, Honig und Eiswürfel und 100 ml kaltes Wasser in einen hohen Becher oder einen Standmixer geben und pürieren. Bei Bedarf noch etwas Wasser hinzugeben, sodass ein cremiger Smoothie entsteht. Den Smoothie auf zwei Gläser verteilen und servieren.

---

**Zubereitung
10 Min.**

**ZUTATEN FÜR
2 PERSONEN:**

3 Bananen
100 g Baby-Blattspinat
1 Stück Ingwer (4 cm)
4 EL Naturjoghurt
2 TL Honig
4 Eiswürfel

**Pro Portion ca. 195 kcal
5 g EW, 2 g F, 39 g KH**

---

# QUESADILLA-SANDWICH

**Zubereitung
20 Min.**

**ZUTATEN FÜR
2 PERSONEN:**

1 Tomate
1 grüne Paprika
2 Tortilla (Weizenfladen,
ca. 25 cm)
2 EL Frischkäse
100 g Chorizo in Scheiben
100 g Reibekäse
Salz | Pfeffer
1 TL neutrales Öl

**Pro Portion ca. 620 kcal
32 g EW, 33 g F, 46 g KH**

*Sattmacher!* Wenn man nach durchzechter Nacht noch nicht so ganz auf der Höhe ist, muss etwas Unkompliziertes her. Diese Sandwich-Taschen sind perfekt, um sie chillig auf dem Sofa zu essen.

01 Gemüse waschen, Tomate vom Stielansatz befreien und in Scheiben schneiden. Paprika in Ringe schneiden, dabei Kerne und weiße Trennwände entfernen.

02 Die Tortillas auf die Arbeitsfläche legen, je einmal bis zur Mitte einschneiden. Die Schnittstelle nach rechts auf 3 Uhr drehen. Die Tortilla von 3–6 Uhr mit Frischkäse bestreichen, mit Tomaten belegen, von 6–9 Uhr mit Chorizo, von 9–12 Uhr mit Paprika belegen, von 12–3 Uhr mit Käse bestreuen. Würzen.

03 Die Tortillas zusammenklappen, dabei bei den Tomaten beginnen und beim Reibekäse abschließen. Im heißen Öl bei schwacher Hitze in ca. 15 Min. goldbraun braten, einmal wenden.

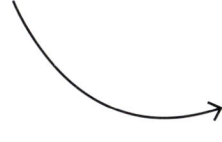

# MÖHREN-ING-WER-SUPPE

*Detox!* *Okay, dir geht es wirklich nicht gut. Scharfes Essen hilft – du wirst sehen. Die enthaltenen Antioxidantien unterstützen die Leber dabei, den Alkohol schnell abzubauen und anschließend loszuwerden.*

**01** Den Ingwer schälen und fein würfeln. Die Möhren putzen, schälen und in grobe Würfel schneiden.

**02** Die Butter in einem kleinen Topf erhitzen, Möhren und Ingwer kurz darin anschwitzen. 1 Prise Zucker darüberstreuen und leicht karamellisieren lassen, dann mit Brühe und Kokosmilch aufgießen und alles einmal aufkochen lassen. Die Suppe bei schwacher Hitze etwa 10 Min. köcheln lassen. Wenn die Möhren weich sind, mit dem Stabmixer fein pürieren und mit Salz und Pfeffer abschmecken. Nach Belieben mit Chiliflocken bestreuen. Dazu schmeckt Toast oder Baguette.

---

**Zubereitung**
**20 Min.**

**ZUTATEN FÜR**
**2 PERSONEN:**

1 Stück Ingwer (3 cm)

300 g Möhren

25 g Butter

Zucker

600 ml Gemüsebrühe

100 ml Kokosmilch

Salz | Pfeffer

Chiliflocken nach Belieben

**Pro Portion ca. 160 kcal**
**2 g EW, 11 g F, 11 g KH**

# SCHNELLE RAMEN

**Zubereitung**
**15 Min.**

**ZUTATEN FÜR**
**2 PERSONEN:**

50 g Baby-Blattspinat
½ Bund Frühlingszwiebeln
100 g Champignons
3 EL dunkle Misopaste (ersatzweise helle Misopaste)
800 ml Gemüsebrühe
3 EL Sojasauce
200 g Naturtofu
250 g Mie-Nudeln
Sesamöl nach Belieben

**Pro Portion ca. 650 kcal**
**35 g EW, 10 g F, 96 g KH**

*Vegan!* *Diese Suppe wirkt wie eine kleine Kater-Medizin: Sie beruhigt den geplagten Magen und versorgt dich mit einer großen Portion Elektrolyte – denn da sind dir letzte Nacht bestimmt einige verloren gegangen.*

**01** Den Spinat verlesen, waschen und trocken schleudern. Die Frühlingszwiebeln putzen, waschen und in mundgerechte Stücke schneiden. Die Champignons abreiben, putzen und in Scheiben schneiden. Den Tofu würfeln.

**02** Die Misopaste in die Gemüsebrühe einrühren und mit der Soja-sauce zum Kochen bringen. Frühlingszwiebeln, Champignons und Tofu dazugeben und alles einmal aufkochen lassen. Die Mie-Nudeln dazugeben. Den Topf vom Herd nehmen, abde-cken und die Nudeln in der Suppe ca. 3 Min. ziehen lassen.

**03** Die fertigen Ramen auf zwei Schalen verteilen. Dann den Spinat darübergeben und nach Belieben mit Sesamöl beträufeln.

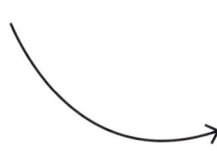

# SCHNELLER BULGURSALAT

*Einfach!* *Am Tag nach der Party muss es schnell gehen, unkompliziert sein und satt machen. Da kommt dieses Rezept gerade recht. Anstelle des Bulgurs passen auch Couscous, Quinoa oder Reis.*

**01** 200 ml Salzwasser in einem Topf zum Kochen bringen und den Bulgur einstreuen. Abgedeckt bei schwacher Hitze ca. 10 Min. köcheln lassen. Vom Herd nehmen und ca. 5 Min. ausquellen lassen. Anschließend den Bulgur ca. 30 Min. auskühlen lassen.

**02** Inzwischen die Paprika waschen, halbieren und von Kernen und weißen Trennwänden befreien. Das Fruchtfleisch fein würfeln. Die Gurke waschen, putzen und fein würfeln. Die Tomaten halbieren, den Stielansatz entfernen, das Fruchtfleisch fein würfeln. Die Zwiebel schälen und fein würfeln. Die Frühlingszwiebeln waschen, putzen und in feine Ringe schneiden. Die Petersilie waschen, trocken schütteln und mit den Stielen hacken.

**03** Das Gemüse in eine Schüssel geben. Petersilie und Bulgur hinzugeben. Öl und Tomatenmark zum Gemüse geben und alles gut mischen. Den Salat mit Salz und Pfeffer abschmecken.

**04** Zuletzt den Feta grob zerbröckeln und vor dem Servieren über den fertigen Bulgursalat streuen.

---

**Zubereitung
25 Min.**

**Abkühlen 30 Min.**

**ZUTATEN FÜR
2 PERSONEN:**

Salz | Pfeffer

130 g Bulgur

½ rote Paprika

¼ Salatgurke

1 große Tomaten

½ rote Zwiebel

½ Bund Frühlingszwiebeln

½ Bund Petersilie

4 EL Olivenöl

2–3 EL Tomatenmark

150 g Schafskäse (Feta)

**Pro Portion ca. 630 kcal
25 g EW, 34 g F, 53 g KH**

Schmeckt auch
mit gebratenem
Hähnchenfleisch!

# WÜRZIGE ONE-POT-SPAGHETTI

*Sattmacher!* Ein verkaterter Magen braucht gute Nahrung. Diese Nudeln liefern leicht verdauliche Kohlenhydrate und sind fix gemacht: Dank der One-Pot-Methode kochen sich Spaghetti und Sauce fast von selbst.

**01** Sardellen, Kapern und Oliven kurz abtropfen lassen. Den Knoblauch schälen, mit Sardellen und Kapern fein hacken. Die Kirschtomaten waschen, Tomaten und Oliven halbieren. Den Rucola evtl. verlesen, waschen und trocken schleudern.

**02** Das Olivenöl in einem großen Topf erhitzen. Den Knoblauch-Kapern-Mix darin ca. 1 Min. anbraten, dann die Gemüsebrühe angießen und einmal aufkochen. Die Spaghetti in der Mitte einmal durchbrechen und in den Topf geben. Mit Salz, Pfeffer und Chiliflocken würzen. Die Hitze reduzieren und die Spaghetti in ca. 10 Min. bei mittlerer Hitze gar kochen. Dabei alles immer wieder umrühren und evtl. etwas Wasser nachgießen.

**03** Kurz vor Ende der Garzeit die Tomaten und Oliven zugeben.

**04** Zum Servieren die Spaghetti auf Teller verteilen und den Rucola darüberstreuen. Nach Belieben noch mal pfeffern.

---

**Zubereitung
25 Min.**

**ZUTATEN FÜR
2 PERSONEN:**

6 Sardellen
2 EL Kapern
50 g schwarze Oliven (entsteint)
1 Knoblauchzehe
200 g Kirschtomaten
50 g Rucola
3 EL Olivenöl
700 ml Gemüsebrühe
250 g Spaghetti
Salz | Pfeffer
½ TL Chiliflocken

**Pro Portion ca. 730 kcal
19 g EW, 27 g F, 98 g KH**

Wer mag, streut
noch Parmesan
darüber.

*Für akuten*
*Kuchenhunger*

# SCHOKO-TASSEN-KÜCHLEIN

*Süßkram!* *Wenn es dir langsam etwas besser geht, hast du vielleicht auch wieder Lust auf etwas Süßes. Die Zutaten für diese Tassenküchlein hast du bestimmt irgendwo im Küchenschrank.*

**01** Die Tassen mit Öl einpinseln. Mehl, Backpulver, Kakao, Zucker, Vanillezucker und Salz in einer Schüssel mischen. Eier, Milch und Öl in einer weiteren Schüssel verquirlen.

**02** Die flüssigen zu den feuchten Zutaten geben und mit einem Holzlöffel mischen. Die Schokotröpfchen nach Belieben rasch unterrühren. Den Teig auf die Tassen verteilen und sofort bei 600 Watt 2 Min. in der Mikrowelle garen.

**03** Wer keine Mikrowelle hat, kann die Tassenküchlein bei 160° 20–25 Min. im heißen Ofen (Mitte) backen.

---

**Zubereitung 5 Min.**

**Garen 2 Min.**

**ZUTATEN FÜR 2 KÜCHLEIN:**

4 EL Weizenmehl

1 TL Backpulver

2 EL Kakao

3 EL Rohrzucker

½ TL Vanillezucker

1 Prise Salz

2 Eier (M)

4 EL Milch

2 EL Öl

2 EL Schokotröpfchen (nach Belieben)

**AUSSERDEM:**

2 Tassen (je 220 ml)

Öl für die Form

**Pro Portion ca. 585 kcal
15 g EW, 35 g F, 55 g KH**

# KAN TINEN FREIER TAG

# SELBST GEKOCHT SCHMECKT´S SO VIEL BESSER

*Vom Prinzip her ist die Mensa ja eine gute Idee: warmes Essen für wenig Geld. In der Praxis ist das Angebot der Mensa und Kantine aber oft unbefriedigend. Selbst kochen und mitnehmen ist da eine prima Lösung.*

In Kantinen werden häufig gleiche oder ähnliche Gerichte angeboten und niemand weiß so richtig, wie sie zubereitet werden. Gerade in Großküchen verwendet man gerne verschiedene Tütchen und Pulver – auch, um einen gleichbleibenden Geschmack zu garantieren. Die Qualität der verwendeten Lebensmittel scheint stark zu schwanken: Zwar gibt es immer mehr Uni-Mensen, die auf Bio-Qualität setzen, meist werden aber aus Kostengründen konventionelle und nicht regional hergestellte Produkte verwendet.

Hinzu kommt, dass die Speisenauswahl in der Mensa eingeschränkt ist: Es gibt Kohlenhydrate satt, jedoch kaum Vollkornprodukte, die Proteinquellen sind in erster Linie Fleisch und Fisch. Frische Lebensmittel, Gemüse und Salat sucht man abseits der obligatorischen Gurken, Tomaten und Eisbergsalate oft vergeblich. Da darf man sich ruhig mal die Frage stellen, ob die angebotenen Speisen gesundheitsfördernd sind und mit allen nötigen Nährstoffen versorgen.

Und jetzt mal ehrlich: Eine ausreichende Versorgung mit Nährstoffen stellt doch die beste Lerngrundlage dar. Nur ein gut versorgter Körper hat Lust, sich auch geistig zu betätigen. Selbst kochen erscheint uns deshalb die gesündere Variante zum Kantinenessen: Wir wissen, was drin ist (gerade bei Nahrungsmittelunverträglichkeiten, Allergien und speziellen Ernährungsformen ist das wichtig), und wir können ganz nach Lust, Laune und Saison kochen. Einen praktischen Nebeneffekt hat das Ganze auch noch: Selbst kochen ist meist schonender für den Geldbeutel.

Wenn du nun sagst »Zum Kochen hab ich keine Zeit«, dann können wir das gut verstehen. Auch die Tage von Studierenden sind lang und voll. Mit ein bisschen Planung lassen sich bestimmt immer mal wieder 20 Minuten zum Kochen abzwacken. Lass Meal-Prep zu einem Ritual werden. Schalte das Radio an, höre einen Podcast oder lass die Lieblingsserie nebenbei laufen. Mach es dir in der Küche gemütlich und auf geht's! Worauf wartest du noch?!

## MEAL-PREP-CHECKLISTE

☐ 3-4 Gerichte aussuchen

☐ Einkäufe erledigen

☐ genug Zeit einplanen

☐ gute Musik auflegen

# OVERNIGHT OATS

**Ballaststoffreich!** *Haferflocken sind der Klassiker im Frühstücksregal – und das zu Recht: Sie stecken voller Ballast- und Mineralstoffe. Am Morgen noch die Extraportion Vitamine darüber und fertig ist dein Power-Frühstück to go.*

**01** Am Vorabend die Banane schälen und mit einer Gabel zerdrücken. Haferflocken, Leinsamen und Zimt in einer Schüssel mischen und mit 400 ml kochendem Wasser aufgießen, sodass alles bedeckt ist. Die Banane untermischen, die Mischung auf zwei Schraubgläser verteilen und die Gläser bis zum nächsten Morgen in den Kühlschrank stellen.

**02** Am Morgen die Oats noch mit Joghurt, Beeren und Mandelmus toppen. Für unterwegs den Löffel nicht vergessen!

---

**Zubereitung
10 Min.**

**ZUTATEN FÜR
2 PERSONEN:**

1 Banane
80 g Haferflocken
2 EL geschroteter Leinsamen
1 Prise Zimtpulver
150 g Naturjoghurt
100 g gemischte TK-Beeren
(aufgetaut)
2 EL Mandelmus

**AUSSERDEM:**

2 Schraubgläser

**Pro Portion ca. 465 kcal
16 g EW, 22 g F, 46 g KH**

---

# MILCHREIS MIT FRÜCHTEN

**Zubereitung 25 Min.**

**ZUTATEN FÜR 2 PERSONEN:**

800 ml Milch
1 Pck. Vanillezucker
1 Prise Salz
150 g Milchreis
2 Äpfel (300 g)
1 Birne (300 g)
100 ml Fruchtsaft (z. B. Apfel, Orange …)
1–2 EL Rohrohrzucker
2 Lieblingskekse

**Pro Portion ca. 780 kcal
21 g EW, 17 g F, 135 g KH**

*Feel Good!* Milchreis schmeckt immer ein bisschen wie früher bei Omi. Mit selbst gekochtem Fruchtkompott ist er ein feines Frühstück, das du ganz wunderbar schon am Abend vorher zubereiten kannst.

**01** Die Milch mit Vanillezucker und Salz aufkochen. Dann den Reis einrühren und bei schwacher Hitze ca. 20 Min. köcheln lassen, dabei immer wieder umrühren.

**02** Inzwischen Äpfel und Birne waschen, halbieren und die Kerngehäuse entfernen. Die Früchte klein schneiden und mit dem Saft in einem Topf bei geschlossenem Deckel und schwacher Hitze ca. 10 Min. weich dünsten.

**03** Den Milchreis vom Herd nehmen und nach Belieben süßen. Zum Mitnehmen in Boxen packen, mit Apfel-Birnen-Mix toppen und die Kekse darüberbröseln.

# VOLLKORN-SANDWICH MIT EI

*Sattmacher!* Zu so einer schönen Stulle kann doch niemand »Nein« sagen. Gesunde Fette, Protein und jede Menge Ballaststoffe geben dir in der Mittagspause den nötigen Energieschub.

**01** In einem kleinen Topf reichlich Wasser zum Kochen bringen und die Eier darin in ca. 10 Min. hart kochen. Dann das Wasser abgießen, die Eier kalt abschrecken und abkühlen lassen.

**02** In der Zwischenzeit die Butter mit einem kleinen Schneebesen schaumig rühren. Senf und Schnittlauch unterrühren und alles mit Salz und Pfeffer kräftig abschmecken.

**03** Die Gurke waschen und in Scheiben schneiden. Die Paprika waschen, von Kernen und weißen Trennwänden befreien und in Streifen schneiden. Die Eier pellen und in Scheiben schneiden.

**04** Alle Brotscheiben jeweils auf einer Seite mit der Creme bestreichen. Zwei Brotscheiben mit Gurken, Paprika und Eiern belegen. Die übrigen Brotscheiben obenauf legen und die Sandwiches nach Belieben diagonal halbieren.

**Zubereitung 20 Min.**

**ZUTATEN FÜR 2 PERSONEN:**
2 Eier (M)
2 EL weiche Butter
1 EL Senf (nach Belieben)
2 EL TK-Schnittlauch
Salz | Pfeffer
¼ Salatgurke
½ Paprika
4 Scheiben Vollkornbrot

**Pro Portion ca. 445 kcal 15 g EW, 25 g F, 40 g KH**

Zum Mitnehmen
in der Lunchbox

Kunterbunt und
gesund!

# BANH MI BOWL MIT EIERRÖLLCHEN

*Augenweide!* *Eine gute Bowl, zusammengestellt aus guten Zutaten mit guten Fetten und hochwertigem Eiweiß. Und das Beste: Auch das Auge isst gerne mit!*

**Zubereitung 30 Min.**

**ZUTATEN FÜR 2 PERSONEN:**

150 g Reisbandnudeln
Salz | Pfeffer
2 Möhren (150 g)
½ Salatgurke
1 Bund Radieschen
100 g Edamame (gegart, gepalt)
2 EL Fischsauce (ersatzweise helle Sojasauce)
2 EL Limettensaft
1 EL Agavendicksaft
½ TL Chiliflocken
4 Eier (M)
1 TL neutrales Öl

**Pro Portion ca. 635 kcal
25 g EW, 17 g F, 94 g KH**

01 Die Reisnudeln nach Packungsanweisung in reichlich Salzwasser bissfest garen, durch ein Sieb abgießen, kalt abbrausen und sehr gut abtropfen lassen. Anschließend die Nudeln auf zwei Schalen (oder zum Mitnehmen in Boxen) verteilen.

02 Die Möhren putzen und schälen. Gurke und Radieschen waschen. Möhren und Gurke mit einem Sparschäler in lange Streifen schneiden. Die Radieschen putzen und grob hacken. Möhren, Gurken, Radieschen und Edamame dekorativ zu den Nudeln in die Schalen geben.

03 Fischsauce, Limettensaft, Agavendicksaft und Chiliflocken in einer kleinen Schale zu einem Dressing verrühren.

04 Die Eier verquirlen und mit Salz und Pfeffer würzen. Das Öl in einer großen Pfanne mit Deckel erhitzen und die Eimischung hineingießen. Den Deckel schließen und das Ei bei schwacher Hitze in ca. 5 Min. stocken lassen. Anschließend das Omelett aus der Pfanne auf ein Schneidebrett gleiten lassen, kurz abkühlen lassen, dann aufrollen. Die Rolle in mundgerechte Stücke schneiden und auf die Schalen verteilen.

05 Zum Mitnehmen das Dressing separat verpacken und erst zum Servieren über die Bowl gießen.

# DINKELNUDELSALAT MIT RUCOLA

*Ballaststoffreich!* *Beim Abkühlen von Nudeln (und auch Kartoffeln) wandelt sich ein Teil ihrer Kohlenhydrate zu resistenter Stärke um. Sie sorgt für eine längere Sättigung und regt die Verdauung an. Klingt nach dem idealen Mittagessen an einem langen Tag in der Bib, oder?!*

01 Die Nudeln in reichlich Salzwasser in etwa der Hälfte der auf der Packung angegebenen Kochzeit noch sehr bissfest garen. Durch ein Sieb abgießen und kalt abbrausen.

02 Den Fenchel waschen, putzen und in feine Streifen schneiden oder hobeln. Die Tomaten waschen und halbieren. Die getrockneten Tomaten in kleine Stücke schneiden. Den Rucola evtl. verlesen, waschen und trocken schleudern.

03 Fenchel, frische und getrocknete Tomaten mit den Nudeln in eine Schüssel oder Box geben. Das Einlegeöl untermischen und alles kräftig mit Salz und Pfeffer würzen.

04 Die Pinienkerne in einer Pfanne ohne Fett anrösten. Rucola und Pinienkerne zum Mitnehmen separat verpacken und erst zum Servieren über den Salat geben.

---

**Zubereitung
30 Min.**

**Marinieren 20 Min.**

**ZUTATEN FÜR
2 PERSONEN:**

250 g Dinkelnudeln (z. B. Spiralen, Penne …)
Salz | Pfeffer
1 Fenchelknolle
100 g Kirschtomaten
90 g getrocknete Tomaten +
4 EL Einlegeöl
75 g Rucola
50 g Pinienkerne

**Pro Portion ca. 925 kcal
20 g EW, 60 g F, 102 g KH**

---

Wer mag, reibt
noch Parmesan
darüber!

# ONE-POT-KICHERERBSEN

*Vegan!* *Das Konzept »alles aus einem Topf« ist schön unkompliziert. Die Kichererbsen versorgen dich hier mit pflanzlichem Eiweiß und sind echte Ballaststoffbomben – da hat das Nachmittagstief keine Chance. Ein tolles Mittagessen, um danach ganz entspannt weiterzulernen.*

**01** Die Zwiebel und den Knoblauch schälen und fein hacken. Zucchino waschen und putzen, Paprika waschen und von Kernen und weißen Trennwänden befreien. Beides in ca. 1 cm große Würfel schneiden. Die Petersilie waschen, trocken schütteln und grob hacken. Die Kichererbsen durch ein Sieb abgießen, kalt abbrausen und gut abtropfen lassen.

**02** Das Olivenöl in einem großen Topf erhitzen. Zwiebel und Knoblauch darin anbraten, bis die Zwiebel glasig wird. Zucchino und Paprika hinzufügen und ca. 2 Min. mitbraten. Dann mit Tomaten und Gemüsebrühe aufgießen. Penne und Kichererbsen dazugeben und alles mit Salz und Ras el Hanout würzen. Bei schwacher Hitze ca. 10 Min. garen, dabei häufig rühren.

**03** Die One-Pot-Kichererbsen zum Mitnehmen in Boxen packen. Die gehackte Petersilie separat verpacken und zum Servieren über das Gericht streuen.

---

**Zubereitung
30 Min.**

**ZUTATEN FÜR
2 PERSONEN:**

½ rote Zwiebel
1 Knoblauchzehe
1 Zucchino
½ Paprika
½ Bund-Petersilie
1 Dose Kichererbsen (240 g Abtropfgewicht)
2 EL Olivenöl
200 g passierte Tomaten
350 ml Gemüsebrühe
125 g Dinkelnudeln (z. B. Penne)
Salz
1 TL Ras el Hanout

**Pro Portion ca. 525 kcal
17 g EW, 14 g F, 77 g KH**

Schmeckt auch
mit Vollkorn-
Nudeln!

*Statt Fleisch schmeckt Tofu!*

# HÄHNCHENCURRY MIT REIS

*Vitaminreich!* Die sämige Currysauce hat viele positive Eigenschaften: Kokosmilch enthält Mineralstoffe wie Kalium, Calcium, Magnesium, Natrium und Phosphor. Und lecker ist sie natürlich auch noch!

**01** Den Reis in einem Sieb waschen, bis das Wasser klar bleibt. Dann mit der doppelten Menge Wasser in einem Topf aufkochen, die Hitze auf die kleinste Stufe reduzieren und den Reis bei geschlossenem Deckel ca. 10 Min. ausquellen lassen.

**02** Zwiebel, Ingwer und Knoblauch schälen und fein hacken. Möhre putzen, schälen und in dünne Scheiben schneiden. Brokkoli waschen und in Röschen teilen. Die Limette auspressen.

**03** Das Hähnchenbrustfilet in mundgerechte Würfel schneiden.

**04** Kokosöl in einer großen Pfanne erhitzen. Das Hähnchenbrustfilet mit Salz und Pfeffer würzen, dann von allen Seiten bei starker Hitze ca. 5 Min. anbraten, dabei regelmäßig wenden. Aus der Pfanne nehmen und beiseitestellen.

**05** Zwiebel, Ingwer und Knoblauch in die Pfanne geben und ca. 1 Min. anbraten. Möhren und Brokkoli dazugeben und ca. 2 Min. unter Rühren mitbraten. Alles mit dem Currypulver bestäuben und die Kokosmilch angießen. Das Gemüse in ca. 5 Min. bei schwacher Hitze bissfest garen. Dann das Hähnchen zugeben, alles mit Limettensaft und Chili abschmecken.

**06** Reis und Hähnchencurry zum Mitnehmen separat verpacken und vor Ort in der Mikrowelle erhitzen.

---

**Zubereitung
40 Min.**

**ZUTATEN FÜR
2 PERSONEN:**

150 g Basmatireis

½ Zwiebel

1 Stück Ingwer (1 cm)

1 Knoblauchzehe

1 kleine Möhre

½ Brokkoli (300 g)

½ Limette

250 g Hähnchenbrustfilet

1 EL Kokosöl

Salz | Pfeffer

1 TL indisches Currypulver

1 Dose Kokosmilch (400 ml)

1 Msp. Chili (nach Belieben)

**Pro Portion ca. 570 kcal
42 g EW, 14 g F, 69 g KH**

# GEMÜSE-HACK-AUFLAUF

*Feel Good!* Kurkuma gilt als »Supergewürz«: Der enthaltene Wirkstoff Curcumin wirkt entzündungshemmend und antioxidativ. Piperin, ein Wirkstoff aus schwarzem Pfeffer, erhöht die Aufnahme des Curcumins und lässt es seine Wirkung besonders gut entfalten.

**01** Den Ofen auf 200° (Umluft) vorheizen. Die Zwiebel und den Knoblauch schälen und klein hacken. Zucchino, Paprika und Aubergine waschen. Zucchino und Aubergine putzen und in ca. 1 cm große Würfel schneiden. Die Paprika von Kernen und weißen Trennwänden befreien und ebenfalls klein würfeln.

**02** 1 EL Olivenöl in einer Pfanne erhitzen. Zwiebeln und Knoblauch darin anschwitzen, bis die Zwiebeln glasig sind. Das Hackfleisch dazugeben und krümelig anbraten. Gemüsebrühe und Tomaten zugeben und alles ca. 15 Min. bei schwacher Hitze köcheln lassen. Das Ganze häufig umrühren.

**03** Das Hackfleisch mit Salz, Pfeffer, Kurkuma und Kräutern würzen, auf zwei ofenfeste Förmchen verteilen und beiseitestellen.

**04** 4 EL Olivenöl in einer großen Pfanne erhitzen. Paprika, Aubergine und Zucchino dazugeben und bei starker Hitze ca. 10 Min. anbraten. Das Gemüse mit Salz und Pfeffer würzen und gleichmäßig auf das Hackfleisch in die Förmchen verteilen.

**05** Den Käse grob zerbröseln und über das Gemüse streuen. Alles im heißen Ofen ca. 10 Min. überbacken.

---

### Zubereitung
### 40 Min.

### ZUTATEN FÜR
### 2 PERSONEN:

½ Zwiebel
1 Knoblauchzehe
1 Zucchino
1 Paprika
1 Aubergine
5 EL Olivenöl
300 g Rinderhack
100 ml Gemüsebrühe
250 g passierte Tomaten
Salz | Pfeffer
½ TL Kurkuma
½ TL getrocknete italienische Kräuter
150 g Schafskäse (Feta)

### AUSSERDEM:

2 Auflaufförmchen

**Pro Portion ca. 805 kcal
51 g EW, 59 g F, 16 g KH**

---

*Dazu schmeckt Vollkorn- Baguette.*

# SCHOKO-CHEESECAKE

*Süßkram!* *Cheesecake gesund und einfach? Funktioniert! Ein Kuchen mit guten Eiweißquellen, Ballaststoffen und sogar wertvollen sekundären Pflanzenstoffen aus Kakao. Genuss ohne Reue!*

**01** Den Ofen auf 180° vorheizen. Den Boden der Springform mit Backpapier auslegen. Den Rand der Form einfetten.

**02** Die Bananen schälen und mit einer Gabel in einer Rührschüssel zerdrücken. Die Zitrone auspressen.

**03** Zitronensaft, Quark, Apfelmark, Eier, Öl, Kokosblütenzucker und Vanillezucker zu den Bananen geben und mit dem Handrührgerät gut verrühren. Mehl, Backpulver, Kakaopulver in einer zweiten Schüssel mischen. Die trockenen Zutaten in die Rührschüssel geben und kurz mit unterrühren. Den Teig in die Form füllen und mit Kokosraspeln bestreuen.

**04** Im heißen Ofen (Mitte) ca. 60 Min. backen, bis die Kokosraspeln goldbraun werden. Herausnehmen, komplett auskühlen lassen und dann aus der Form lösen.

**Zubereitung 25 Min.**

**Backen 60 Min.**

**ZUTATEN FÜR 1 KUCHEN:**

3 reife Bananen | ½ Zitrone
500 g Magerquark
100 g Apfelmark
4 Eier (M) | 30 ml neutrales Öl
70 g Kokosblütenzucker
1 Pck. Vanillezucker
150 g Dinkelmehl Type 630
2 TL Backpulver
20 g Kakaopulver
2 EL Kokosraspel
Springform (26 cm Ø)

**Pro Stück ca. 125 kcal**
**6 g EW, 5 g F, 14 g KH**

# NUSSRIEGEL

**Zubereitung 35 Min.**

**Einweichen 8 Std.**

**Backen 25 Min.**

## ZUTATEN FÜR 18 RIEGEL:

4 getrocknete Datteln
400 gemischte Nüsse
1 Apfel
80 g Kokosöl
5 EL Haferflocken
2 EL Kürbiskerne
1 EL Cranberrys
1 EL Kakaonibs
40 g Buchweizenmehl
½ TL Zimtpulver
1 EL Chiasamen
1 EL Honig (ersatzweise Ahornsirup)

### AUSSERDEM:

Auflaufform (25 × 30 cm)

**Pro Portion ca. 235 kcal
5 g EW, 18 g F, 11 g KH**

*Ballaststoffe!* *Energie für zwischendurch, nur gesunde Zutaten, gesunde Fette und Ballaststoffe! So ein Riegel ist perfekt geeignet, wenn du zwischen Bib und Seminar schnell etwas Energie benötigst.*

**01** Die Datteln in einer kleinen Schüssel knapp mit Wasser bedecken und 8 Std., besser über Nacht, einweichen.

**02** Den Ofen auf 160° vorheizen. Eine Auflaufform mit Backpapier auslegen. Die Nüsse grob hacken. Den Apfel schälen, halbieren, vom Kerngehäuse befreien und grob würfeln. Die Apfelwürfel mit 2 EL Wasser in einem Topf zum Kochen bringen und bei geschlossenem Deckel in ca. 10 Min. weich dünsten.

**03** Die Datteln abgießen, mit dem Kokosöl zu den Äpfeln geben und pürieren. Alle Zutaten gut verkneten, die Masse in die Auflaufform geben und gut festdrücken.

**04** Die Riegelmasse im heißen Ofen (Mitte) ca. 25 Min. backen. Herausnehmen und nach dem Auskühlen in Riegel schneiden.

I LIKE TO MOVE

# SPORT
# TAG

# JOGGEN, KLETTERN, YOGA, PUMPEN ...

*Als Ausgleich zu unserem Schreibtischjob ist Bewegung superwichtig. Dazu gehören aber auch die richtigen Treibstoffe. Vor allem nach einem langen Training sollten die Nährstoffspeicher wieder aufgefüllt werden. Und so viel sei schon mal verraten: Da geht mehr als Proteinshakes!*

Die Ernährung macht einen riesigen Teil des Trainingserfolgs aus. Und obwohl mittlerweile so viel über Nährstoffe und Muskelaufbau bekannt ist, hält sich die Annahme »iss so viel du kannst und achte auf die Proteine« immer noch hartnäckig. Doch auch wer regelmäßig einen Proteinshake, Proteinriegel, Kreatin und andere Muskelaufbausupplemente zu sich nimmt, vernachlässigt das Zusammenspiel der anderen Nährstoffe.

Eines ist richtig: Wenn wir an Kraft und Muskeln zunehmen wollen, sollten wir möglichst nicht in den Energiesparmodus rutschen. Das heißt, unser Kalorienbedarf muss gedeckt sein. Tatsächlich sind Muskeln aus Proteinen aufgebaut. Aber egal wie viel Holz du hast, ohne Schrauben wird kein Haus daraus. Und ohne Bohrmaschine bringen dir sowohl Holz als auch Schrauben nichts. Oder anders gesagt: Alle Nährstoffe sind wichtig in Bezug auf den Muskelaufbau. Muskeln bauen sich nicht von selbst. Und selbst Dinge, die in erster Linie eher für unser Immunsystem als für unseren Muskel-

aufbau eine Rolle spielen, halten uns kräftig und sind Voraussetzung für ein gesundes Trainieren. Darüber hinaus spielen auch Nervengesundheit und ein gesunder Hormonhaushalt eine wichtige Rolle.

Wir sollten also genug Kalorien und genug Protein zu uns nehmen. Und obwohl (oder gerade weil) wir sportlich aktiv sein wollen, sollten wir doch nahrhafte Lebensmittel zu uns nehmen, die uns auch mit weiteren Nährstoffen versorgen.

Mageres Fleisch und Fisch sind eine beliebte Proteinquelle. Sie sind ziemlich leicht zuzubereiten und besitzen schon von Natur aus eine sehr gute biologische Wertigkeit in Sachen Protein. Weil wir dir hier aber einen echten Mehrwert in Sachen Ernährung bieten wollen, haben wir uns bei den Rezepten in diesem Kapitel auf die Verwendung von pflanzlichem Protein konzentriert. Denn auch mit pflanzlichen Lebensmitteln lässt sich eine gute Proteinversorgung sicherstellen. Außerdem bieten pflanzliche Proteinquellen noch ein paar Extravorteile.

## VORTEILE VON PFLANZLICHEM PROTEIN

☐ gesunde Fette

☐ Ballaststoffe

☐ sekundäre Pflanzenstoffe

# GRANOLA

*Ballaststoffe!* Gekaufte Knuspermüsli enthalten oft jede Menge Zucker. Da lohnt sich Selbstmachen doppelt: Du weißt, was drin ist – und kannst nach Lust und Laune mit den Zutaten experimentieren. Das Granola schmeckt mit Milch, Joghurt oder in der Smoothie-Bowl.

**01** Ofen auf 160° (Umluft) vorheizen. Die Nüsse grob hacken.

**02** Nüsse, Haferflocken, Leinsamen, gepufften Reis, Sonnenblumenkerne, Zimt und 1 Prise Salz in einer Schüssel mischen.

**03** Öl und Honig dazugeben und alles am besten mit den Händen zu einer gleichmäßigen, sehr klebrigen Masse vermengen. Diese auf ein mit Backpapier belegtes Blech geben und gleichmäßig darauf verteilen.

**04** Das Granola im heißen Ofen (Mitte) ca. 10 Min. backen, dabei gelegentlich durchmischen. Es sollte knusprig, aber nicht braun werden. Anschließend herausnehmen und abkühlen lassen, dann grob zerkleinern und zur Aufbewahrung in Gläser füllen. Dunkel und trocken gelagert ist es ca. 3 Wochen haltbar.

---

**Zubereitung 20 Min.**

**ZUTATEN FÜR
10 PORTIONEN:**

100 g gemischte Nüsse

300 g grobe Haferflocken

4 EL Leinsamen

50 g gepuffter Reis

3 EL Sonnenblumenkerne

1 TL Zimtpulver

Salz

4 EL Rapsöl

100 g flüssiger Honig

**Pro Portion ca. 315 kcal
9 g EW, 15 g F, 32 g KH**

# FRÜHSTÜCKSPUDDING

**Zubereitung 5 Min.**

**ZUTATEN FÜR
2 PERSONEN:**

1 Banane
1 Dose Kokosmilch (400 ml)
6 EL Chia-Samen
Früchte (nach Belieben)
2 EL Granola (nach Belieben)

**Pro Portion ca. 340 kcal
12 g EW, 18 g F, 23 g KH**

*Vegan!* *Mmh, Pudding zum Frühstück … und dieser enthält dank der Chia-Samen auch noch jede Menge Ballaststoffe. Beim Topping darfst du dich austoben: Wir lieben frische Früchte der Saison – so schmeckt der Pudding auch immer wieder anders.*

**01** Die Banane schälen, in grobe Stücke brechen und in einen Mixbecher geben. Die Kokosmilch dazugießen und alles mit einem Stabmixer fein pürieren.

**02** Die Chia-Samen unterrühren. Dann den Chia-Pudding in zwei Schüsseln füllen und über Nacht abgedeckt in den Kühlschrank stellen. Den Chia-Pudding morgens nach Belieben mit frischen Früchten und Granola toppen – er schmeckt aber auch pur.

Mit Obst, Nüssen oder Joghurt servieren.

# PROTEIN-PANCAKES

*Brunch!* *Am Wochenende muss niemand an die Uni hetzen und es ist morgens etwas mehr Zeit fürs Frühstück. Wie wäre es mit ein paar Pancakes, die dich vor dem Training mit einer Extraportion Eiweiß versorgen?*

**01**  Die Bananen schälen und mit einer Gabel in einer Rührschüssel zu einem Brei zerdrücken. Die Eier trennen, das Eiweiß dabei in einer zweiten Rührschüssel auffangen.

**02**  Das Eigelb zur Banane geben und mit Joghurt, Zimt, Mehl, Mandelmehl und Proteinpulver glatt rühren.

**03**  Das Eiweiß mit 1 Prise Salz zu Eischnee schlagen. Die Eigelbmasse vorsichtig unter den Eischnee heben.

**04**  Etwas Öl in einer Pfanne erhitzen. Den Teig portionsweise in die Pfanne geben und bei schwacher Hitze in ca. 5 Min. zu Pancakes backen. Dabei einmal wenden.

---

**Zubereitung
30 Min.**

**ZUTATEN FÜR
2 PERSONEN:**

2 Banane
4 Eier (M)
2 EL Joghurt
1 Msp. Zimtpulver (am besten Ceylon-Zimt)
2 EL Mehl
1 EL Mandelmehl
40 g Proteinpulver (z. B. Mandel- oder Erbsenprotein)
Salz
Rapsöl zum Braten

**Pro Portion ca. 480 kcal
36 g EW, 21 g F, 34 g KH**

# HUMMUS MIT GEMÜSE

*Protein!* Hummus ist eine perfekte Mahlzeit nach dem Sport: Der Sesam aus dem Tahin und die Kichererbsen ergänzen sich perfekt und geben dir einen kleinen Eiweißboost. Eine gute Portion Ballaststoffe und sekundäre Pflanzenstoffe gibt es inklusive.

**01** Die Kichererbsen durch ein Sieb abgießen, kalt abbrausen und ein paar Min. gut abtropfen lassen.

**02** Die Zitrone heiß waschen und abtrocknen, etwa ½ TL Zitronenschale abreiben und den Saft auspressen. Den Knoblauch und den Ingwer schälen, den Ingwer fein schneiden. Die Petersilie waschen, trocken schütteln und grob hacken.

**03** Die Kichererbsen mit Tahin, Olivenöl, Harissa, Zitronenschale, Zitronensaft, Knoblauch, Ingwer, Petersilie in einen Mixbecher geben und fein pürieren. Den Hummus mit Salz abschmecken.

**04** Das Gemüse waschen, putzen und nach Belieben aufschneiden. Den Hummus mit den Brötchen und dem Gemüse servieren.

---

**Zubereitung 45 Min.**

**ZUTATEN FÜR 2 PERSONEN:**

1 Dose Kichererbsen (240 g Abtropfgewicht)

½ Bio-Zitrone

1 Knoblauchzehe

1 Stück Ingwer (ca. 1 cm)

4 Stängel Petersilie

1 EL Sesammus (Tahin)

2 EL Olivenöl

½ TL Harissa

Salz

Rohkost (z. B. Radieschen, Gurke, Möhre …)

2 Vollkorn-Brötchen

**Pro Portion ca. 455 kcal
14 g EW, 18 g F, 49 g KH**

Veganes Fitfood

*Statt Tofu*
*schmeckt auch*
*Hähnchenfleisch.*

# QUINOASALAT MIT TOFU

*Knackig!* *Ob nach dem Training, zwischen zwei Vorlesungen oder bei der Arbeit, dieser Salat passt eigentlich immer. Quinoa und Tofu sind ein tolles Duo in Sachen pflanzliche Eiweiße und dank der Walnüsse gibt es eine Portion Omega-3 on top.*

**01**  Die Quinoa in ein Sieb geben und unter kaltem Wasser abspülen, bis es klar bleibt. Mit der Brühe in einen Topf geben, aufkochen und bei schwacher Hitze ca. 15 Min. köcheln lassen. Dann vom Herd nehmen und mit Deckel ca. 10 Min. ausdampfen lassen. Dann offen ca. 20 Min. auskühlen lassen.

**02**  Ingwer und Knoblauch schälen und in Scheiben schneiden. Den Tofu in 1 cm dicke Scheiben schneiden. Das Öl in einer Pfanne erhitzen, Knoblauch und Ingwer darin kurz anschwitzen, dann den Tofu dazugeben und goldbraun anbraten. Mit Sojasauce ablöschen und beiseitestellen.

**03**  Radieschen und Paprika waschen. Die Radieschen putzen und grob hacken. Die Paprika halbieren, von Kernen und weißen Trennwänden befreien. Das Fruchtfleisch fein würfeln. Die Orange schälen und filetieren, dabei den Saft auffangen. Die getrockneten Tomaten etwas abtropfen lassen, dann klein schneiden. Die Walnüsse mit einem Messer grob hacken. Den Spinat verlesen, waschen und trocken schleudern.

**04**  Quinoa mit Gemüse, Orangenfilets und -saft, Kräutern, Walnüssen und Tomatenöl mischen. Den Salat salzen und pfeffern und ca. 20 Min. ziehen lassen, dann mit Tofu und Spinat servieren.

---

**Zubereitung 35 Min.**

**ZUTATEN FÜR 2 PERSONEN:**

100 g Quinoa
200 ml Gemüsebrühe
1 Stück Ingwer (1 cm)
1 Knoblauchzehe
200 g Naturtofu
1 EL Rapsöl
2 EL Sojasauce
1 Bund Radieschen
½ Paprika
1 Orange
5 getrocknete Tomaten (in Öl) +
4 EL Einlegeöl
25 g Walnusskerne
1 Handvoll Baby-Blattspinat
½ TL getrocknete italienische
Kräuter
Salz | Pfeffer

**Pro Portion ca. 710 kcal
23 g EW, 49 g F, 41 g KH**

# MEDJOH-MURMELN

*Pre-Workout-Snack!* Wenn du direkt nach einem langen Uni-Tag zum Training fährst, sind die Medjoh-Murmeln ideal: Der Zucker aus den Datteln und das Koffein aus dem Kaffee geben ordentlich Energie fürs Training. Power dich aus!

**01** Die Datteln entkernen, die Stielansätze entfernen. Datteln, Cashews, Hanfsamen, Kaffeepulver, Tahin, Öl, 1 Prise Salz und Kardamom nach Belieben in einen Blitzhacker geben. Alles zu einer gut formbaren Masse verarbeiten.

**02** Aus der Masse ca. 20 walnussgroße Kugeln formen. Die Medjoh-Murmeln luftdicht verpackt im Kühlschrank aufbewahren.

**Zubereitung 20 Min.**

**ZUTATEN FÜR 20 STÜCK:**

200 g Medjool-Datteln
90 g Cashewkerne
30 g geschälte Hanfsamen
(ersatzweise Leinsamen)
2 TL Kaffeepulver (Instant)
1 EL Sesammus (Tahin)
1 EL Rapsöl
Salz
1 Prise gemahlener Kardamom
(nach Belieben)

**Pro Stück ca. 75 kcal
2 g EW, 3 g F, 8 g KH**

# KOKOS-KAKAO-KUGELN

**Zubereitung
20 Min.**

**ZUTATEN
FÜR 20 STÜCK:**

160 g Kokosraspel

20 g Backkakao

40 g ungesüßtes Proteinpulver
(z. B. Mandel)

20 g geschrotete Leinsamen

120 ml Milch (ersatzweise
Pflanzendrink)

50 ml Ahornsirup

1 Prise Salz

**Pro Portion ca. 75 kcal
3 g EW, 6 g F, 3 g KH**

*Post-Workout-Snack!* Die Proteine leisten hier mal wieder ganze Arbeit. Die sekundären Pflanzenstoffe von Kokosnuss und Kakao beugen außerdem einem allzu starken Muskelkater vor. Gönn dir also ein oder zwei Kugeln und genieße das Gefühl nach dem Training.

**01** Alle Zutaten bis auf 2 EL Kokosraspel in eine Schüssel geben und mit den Händen zu einer dicken Masse kneten. Die übrigen Kokosraspel für später in einen tiefen Teller füllen.

**02** Aus der Masse ca. 20 walnussgroße Kugeln formen und diese in den restlichen Kokosraspeln wälzen. Die fertigen Kugeln am besten luftdicht verpackt im Kühlschrank aufbewahren.

KÜCHENLABOR

# EXPERI MENTIER TAG

# IMMER NUR SPAGHETTI MIT TOMATENSAUCE?

*Nutze doch die freie Zeit nach den Prüfungen und tobe dich in der Küche ein bisschen aus. Unsere Rezepte sind nicht nur etwas für Naturwissenschaftler ... und obendrein garantiert richtig lecker!*

Die letzte Prüfung ist vorbei, die letzte Party gefeiert, mit dem gesammelten Leergut bist du auf dem besten Weg zum Pfandmillionär und es zieht eine gewisse Stille in dein Leben ein – eine Art Leere. Nachdem du dich auch in Sachen Serien auf den neusten Stand gebracht hast, wird es langsam wirklich etwas fad. Auch der regelmäßige Gang zum Kühlschrank bringt keine Neuigkeiten – immer noch dieselben Lebensmittel wie vor 5 Minuten drin! Das kann so nicht bleiben! Genau jetzt ist die Zeit, mal wieder etwas Neues auszuprobieren. Der Kopf kann sich von der anstrengenden Lernerei erholen und endlich ist mal wieder Kreativität gefragt. Also ran an den Kochlöffel und los geht's!

Egal ob du aus deinen Grundnahrungsmitteln etwas Neues zaubern willst oder deinen Kochhorizont erweitern möchtest, indem du etwas komplett Neues wagst – bei unseren Experimentierrezepten wirst du fündig! Entdecke deinen inneren Alchemisten und trete in die Fußstapfen derjenigen, die aus Eisen Gold machen

wollten. Wir fangen zwar etwas kleiner an, aber Mehl zu Nudeln verwandeln ist auch eine aufregende Sache. Oder du triffst nur die entsprechenden Vorbereitungen und lässt dann die eigentliche Arbeit von Mutter Natur erledigen. Am Ende des Tages gibt es selbst gebackenes Sauerteigbrot oder selbst fermentierten Kombucha.

Vielleicht denkst du: »Das gibt es doch alles fertig zu kaufen!« Wir können aber aus eigener Erfahrung sagen, der Weg ist das Ziel! Wer einmal die Verwandlung von Milch in Joghurt beobachtet, das Mehl grammgenau für die perfekten Nudeln abgewogen oder die selbst gepflückten Erdbeeren zu Marmelade gekocht hat, ist mit Sicherheit für immer angefixt. In der Küche gibt es jede Menge aufregende Dinge zu erleben – und das Ergebnis ist mit Sicherheit köstlich! Und übrigens: Ganz nebenbei tragen die Rezepte durch die bereitgestellten Ballaststoffe, Fermentationsprodukte und Mikronährstoffe ihren Teil zu einer gesunden Ernährung und eurem allgemeinen Wohlbefinden bei.

## KÜCHEN-BUCKET-LIST

- [ ] Sauerteig über 3 Monate füttern
- [ ] selbst gekochte Marmelade verschenken
- [ ] die perfekte Kimchi-Würze finden

# JOGHURT

*Probiotisch!* *Joghurt selbst machen ist gar nicht schwer – er macht sich beinahe von selbst. Er ist voll mit guten Bakterien, die deine Darmflora bereichern, und im Gegensatz zur gekauften Variante nicht voll mit Zucker.*

**01** Die Gläser mit Deckeln sorgfältig reinigen. Die Bettdecke mehrmals zusammenfalten, sodass eine kleine Kammer entsteht. Beide Wärmflaschen mit kochendem Wasser füllen und in die vorbereitete Kammer legen.

**02** Die Milch in einem Topf auf 90° erhitzen (die Milch darf nicht kochen!) und ca. 5 Min. auf dieser Temperatur halten. Den Topf vom Herd nehmen und die Milch auf 40–50° abkühlen lassen (Temperaturen immer mit dem Thermometer kontrollieren).

**03** Den Joghurt mit einem Schneebesen in die Milch einrühren. Dann sofort in die vorbereiteten Gläser füllen, verschließen und zu den Wärmflaschen in die Bettdecke stellen. Das Thermometer dazulegen, um zwischendurch die Temperatur zu überwachen. Es sollten konstant 40°–50° sein.

**04** Nach 8-12 Std. ist der Joghurt stichfest und fertig. Dann in den Kühlschrank stellen und innerhalb von 3–4 Tagen verbrauchen. Dieser Joghurt kann als neue Starterkultur verwendet werden.

---

**Zubereitung
20 Min.**

**Reifen 8–12 Std.**

**ZUTATEN FÜR
8 PORTIONEN:**

1 l Bio-Frischmilch (3,8 % Fett)

200 g Naturjoghurt

**AUSSERDEM:**

8 Schraubgläser (je 150 ml)

Kochthermometer

2 Wärmflaschen | 1 Bettdecke

**Pro Portion ca. 105 kcal
5 g EW, 6 g F, 7 g KH**

# KOMBUCHA

**Zubereitung
10 Min.**

**Gären 8 Tage**

### ZUTATEN FÜR 700 ML:

10-12 g grüner oder
schwarzer Tee
100 g Rohrohrzucker
200 ml Starterflüssigkeit
1 Kombucha-Teepilz

### AUSSERDEM:

Fermentationsgefäß
Glasflaschen mit Bügel-
verschluss

**Pro Portion ca. 100 kcal
0 g EW, 0 g F, 25 g KH**

*Probiotisch!* Kombucha enthält lebende Bakterienkulturen und dank Fermentation auch Milchsäure, Essigsäure, Glucuronsäure und Bromelain. Das klingt nicht übermäßig lecker, ist aber richtig gut für die Darmschleimhaut.

**01** 300 ml Wasser aufkochen, den Tee darin für 8–10 Min. ziehen lassen, dann wieder entfernen. Den Zucker im Tee auflösen.

**02** Den Tee mit 1 l Wasser in das Fermentationsgefäß geben und auf Raumtemperatur abkühlen lassen. Starterflüssigkeit und Teepilz hinzufügen. Das Gefäß mit einem Tuch abdecken, den Ansatz an einem kühlen Ort 5-8 Tage stehen lassen.

**03** Ist der Kombucha sauer genug, den Teepilz entfernen. Den Kombucha in spülmaschinensaubere Flaschen füllen, dabei ca. 200 ml zurückbehalten. Die Flaschen 1-3 Tage bei Zimmertemperatur stehen lassen, damit sich Kohlensäure bildet. Dann ist der Kombucha kühl gelagert 6-9 Monate haltbar. Den Teepilz in der übrigen Flüssigkeit im Kühlschrank aufbewahren.

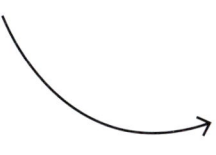

*Wie das duftet!*

ABENDESSEN

# LANDBROT

*Ballaststoffe!* *Ja, das Brot vom Bäcker um die Ecke schmeckt bestimmt auch gut. Aber durch eine extralange Teigführung wird dieses selbst gebackene Brot hier besonders bekömmlich.*

**01** Für den Vorteig 155 ml Wasser in eine Schüssel geben, die Hefe hineinbröckeln und das Mehl dazugeben. Alles mit einem Löffel verrühren. Die Schüssel abdecken und 1 Std. bei Raumtemperatur gehen lassen. Anschließend die Schüssel für 22 Std. in den Kühlschrank stellen. Der Vorteig ist reif, wenn er Blasen schlägt.

**02** Am Backtag den Vorteig mit den restlichen Zutaten sowie 155 ml Wasser vermischen und 8–10 Min. kräftig zu einem glatten, elastischen Teig kneten. Den Teig ca. 1 Std. bei Raumtemperatur abgedeckt gehen lassen.

**03** Anschließend den Teig auf einer bemehlten Arbeitsfläche kräftig kneten und rund formen. Mit der Nahtstelle nach unten auf ein Backpapier setzen, bemehlen und abgedeckt noch einmal für ca. 1 Std. 30 Min. bei Raumtemperatur gehen lassen.

**04** Den Backofen auf 250° vorheizen. Den Teigling mit einem scharfen Messer kreuzförmig ca. 2 cm tief einschneiden. Ein ofenfestes Gefäß mit 200 ml Wasser auf den Backofenboden stellen. Das Brot auf ein mit Backpapier belegtes Blech geben und in den heißen Ofen schieben.

**05** Nach 10 Min. bei 250° die Ofentür einen Spaltbreit öffnen und den Wasserdampf ablassen. Die Temperatur auf 210° senken, das Brot weitere 25 Min. backen. Dann für ca. 10 Min. die Temperatur auf 250° erhöhen und die Ofentür einen Spalt öffnen. Das Brot aus dem Ofen nehmen und abkühlen lassen.

**Zubereitungs 60 Min.**
**Gehzeit 25 Std. 30 Min.**

**ZUTATEN FÜR 1 LAIB:**
**FÜR DEN VORTEIG:**
155 g Vollkorn-Dinkelmehl
1 g frische Hefe
**FÜR DEN HAUPTTEIG:**
365 g Mehl
8 g frische Hefe
10 g Honig
10 g Salz

**Pro Scheibe (bei 20) ca. 92 kcal**
**3 g EW, 0 g F, 18 g KH**

# BLITZ-KIMCHI

*Einfach!* *Kimchi, scharf eingelegter Chinakohl auf koreanische Art, nach Originalrezept zuzubereiten ist ziemlich lecker – und dauert echt lang. Schneller geht es mit unserem Blitz-Rezept. Das Fermentieren sparen wir uns hier, aber richtig scharf wird es trotzdem!*

**01**  Den Chinakohl waschen, putzen und in 3 cm breite Streifen schneiden. Die Frühlingszwiebel waschen, putzen und in mundgerechte Stücke schneiden. Den Rettich schälen und raspeln. Ingwer und Knoblauch schälen und fein schneiden.

**02**  Chinakohl, Rettich und Frühlingszwiebel in eine große Schüssel geben. Das Salz darüberstreuen. Alles mit den Händen kräftig kneten, bis der Chinakohl weich ist und sich das Salz aufgelöst hat. Mind. 1 Std. bei Raumtemperatur ziehen lassen.

**03**  Inzwischen Ingwer, Knoblauch, Zucker und Gochuaru mischen.

**04**  Den Chinakohl durch ein feines Sieb abgießen und gründlich kalt abbrausen. Danach zurück in die Schüssel geben. Den Gewürzmix dazugeben und alles gut mischen. Den Kimchi in ein verschließbares Gefäß umfüllen und mind. 8 Std. im Kühlschrank marinieren. Er schmeckt zu Reis, Gegrilltem oder auch einer wärmenden Suppe.

---

**Zubereitung
25 Min.**

**Ziehen 8 Std.**

**ZUTATEN FÜR
4 PORTIONEN:**

1 Chinakohl (600 g)
1 Frühlingszwiebel
½ Rettich (200 g)
1 Stück Ingwer (1 cm)
2 Knoblauchzehen
2 EL Salz
1 TL Rohrohrzucker
2 EL Gochuaru
(ersatzweise 1 EL Pul Biber
und 1 EL Paprikapulver edelsüß)

**Pro Portion ca. 60 kcal
3 g EW, 1 g F, 9 g KH**

---

Je länger der
Kimchi zieht,
desto besser
schmeckt er!

Mit Pesto oder
Tomatensauce?

# NUDELN

*Sattmacher!* »Nudeln machen ist auch kochen«, sagt eine alte Studierendenweisheit. Diese hier sind sogar echte Handarbeit: Nach kräftigem Kneten und Ausrollen hat man sich den Teller Pasta wirklich verdient.

**01** Das Mehl mit dem Salz in einer großen Schüssel mischen. Die Eier und das Öl dazugeben und alles mit den Händen zuerst in der Schüssel, dann auf einer bemehlten Arbeitsfläche ca. 10 Min. verkneten. Die Schüssel über den Teig stülpen und diesen ca. 30 Min. bei Raumtemperatur ruhen lassen.

**02** Anschließend den Teig auf einer bemehlten Arbeitsfläche mit dem Rollholz portionsweise sehr dünn und gleichmäßig ausrollen. Die Teigplatte ca. 20 Min. leicht antrocknen lassen, dann aufrollen und mit einem sehr scharfen Messer in ca. 1 cm breite Streifen schneiden. Die Nudelschnecken ausrollen und auf einem Küchentuch locker auslegen.

**03** Reichlich Salzwasser aufkochen und die Nudeln darin in 2–5 Min. bissfest kochen. Übrige Nudeln einige Tage vollständig trocknen lassen. In einem luftdicht verschlossenen Behälter halten sie sich im Kühlschrank ca. 2 Monate.

---

**Zubereitung 60 Min.**

**Trocknen 60 Min.**

**ZUTATEN FÜR 4 PERSONEN:**
300 g Spätzlemehl (ersatzweise Mehl)
½ TL Salz
3 Eier (M)
1 EL neutrales Öl

**AUSSERDEM:**
Mehl zum Arbeiten
Nudelholz

**Pro Portion ca. 345 kcal 14 g EW, 8 g F, 56 g KH**

# ERDBEERKONFITÜRE

*Einfach!* *Im Sommersemester etwas Abwechslung gesucht? Dann ab aufs Erdbeerfeld! Die selbst gekochte Konfitüre schmeckt unfassbar gut – auf einer Scheibe selbst gebackenem Brot sogar unschlagbar!*

**01** Die Gläser und Deckel sorgfältig reinigen. Die Erdbeeren vorsichtig kalt abbrausen und abtropfen lassen. Die Kelche mit einem Messer herausschneiden, die Erdbeeren klein würfeln.

**02** Die Früchte mit dem Gelierzucker in einem großen, hohen Topf verrühren und abgedeckt ca. 2 Std. ziehen lassen, dabei ab und zu mit einem Löffel umrühren.

**03** Die Vanilleschote der Länge nach aufschlitzen, das Mark mit dem Messerrücken aus der Schote kratzen und mit dem Zitronensaft unter die Erdbeeren mischen. Die Früchte unter Rühren zum Kochen bringen und bei mittlerer bis starker Hitze offen 4 Min. leicht sprudelnd kochen. Dabei häufig umrühren.

**04** Gelierprobe machen: 1 TL Konfitüre abnehmen und auf einen kleinen, kühlschrankkalten Teller geben. Wird die Konfitüre nach ca. 1 Min. fest, ist sie ausreichend gekocht. Bleibt sie flüssig, die Kochzeit um 1–2 Min. verlängern und die Gelierprobe wiederholen. Ist die Konfitüre fertig, den Schaum oben mit einem Schaumlöffel abnehmen. Die Konfitüre noch kochend heiß in Gläser füllen, diese gleich verschließen und ca. 5 Min. auf den Kopf stellen. Umdrehen und komplett abkühlen lassen.

---

**Zubereitung
30 Min.**

**Ruhen 2 Std.**

**ZUTATEN FÜR
CA. 1,5 KG KONFITÜRE:**

1,1 kg Erdbeeren (geputzt gewogen ca. 1 kg)

500 g Gelierzucker 2:1
(oder 1 kg Gelierzucker 1:1
oder 300 g Gelierzucker 3:1)

1 Vanilleschote

4 EL Zitronensaft

**AUSSERDEM:**

6–8 Schraubgläser

**Pro Portion ca. 75 kcal
0 g EW, 0 g F, 18 g KH**

---

Günstiger als
Vanilleschote ist
Bourbon-Vanille-
zucker

# GUMMIBÄRCHEN

*Süßkram!* Wenn sich die lieben Kommilitonen abends für den Serienmarathon angekündigt haben, darf Süßes und Knabberkram natürlich nicht fehlen. Mit diesen selbst gemachten Gummibärchen machst du sicherlich Eindruck – vor allem, wenn du unterschiedliche Sirupsorten dafür verwendest.

01 Die Gelatine laut Packungsanweisung einweichen. Die Gummibärchenformen auf ein Tablett oder Backblech stellen.

02 Den Sirup mit 80 ml Wasser aufkochen. Die eingeweichte Gelatine darin auflösen, dabei nicht mehr kochen. Dann die Flüssigkeit mit einem Teelöffel auf die Formen verteilen.

03 Die Gummibärchen in mind. 4 Std. fest werden lassen, dann vorsichtig aus den Formen lösen. Sie halten sich in einer Box oder einem verschließbaren Glas gelagert ein paar Tage.

---

**Zubereitung
10 Min.**

**Warten 4 Std.**

**ZUTATEN
FÜR 20 STÜCK:**
16 Blatt Gelatine
120 ml Fruchtsirup (z. B. Himbeer, Waldmeister, Holunder)

**AUSSERDEM:**
Gummibärchenformen (ersatzweise Silikon-Eiswürfelformen)

**Pro Portion ca. 19 kcal
1 g EW, 0 g F, 4 g KH**

---

*Am besten gleich
das Doppelte
machen!*

NO MONEY

# PLEITE TAG

# »AM ENDE DES GELDES IST IMMER SO VIEL MONAT ÜBRIG.«

Über diesen Spruch mussten wir wahrscheinlich alle schon mal schmunzeln. Ein klassisches Studierendenessen in Richtung Monatsende sind Spaghetti mit Pesto aus dem Glas – ein günstiger Sattmacher. Mit etwas Planung lässt sich aber aus Pleitetagen kulinarisch noch ein bisschen mehr rausholen.

Kneipe, Konzert, Kino ... unser Studierendenleben ist voll von sozialen Verpflichtungen, die Geld kosten. Kein Wunder, dass auf dem Konto dann gerade in Richtung Monatsende oft Ebbe herrscht und es beim Wocheneinkauf nur noch für eine Sparvariante reicht. Aber keine Sorge, wir haben ein paar Ideen gesammelt, wie du auch mit wenig Geld mehr als Nudeln essen kannst.

### Schlau einkaufen

Vor dem Einkauf kommt die Planung: Prüfe, was du in den nächsten Tagen essen möchtest und welche Zutaten du dafür schon zu Hause hast. Beim Einkauf selbst gibt es dann ein paar kleine, einfache Regeln, die dir beim Sparen helfen können: Großverpackungen, besonders bei Trockenwaren, sind auf die Menge deutlich günstiger und lassen sich lange lagern. Die WG freut sich bestimmt, wenn der Basisvorrat immer vorhanden ist. Supermarktregale sind übrigens meist für den maximalen Gewinn aufgebaut: die teuersten Produkte sind auf Augenhöhe, die günstigeren Eigenmarken weiter unten.

### Lebensmittel retten

Im Rahmen der Bewegungen gegen die Lebensmittelverschwendung gibt es einige Möglichkeiten, über Websites und Apps Lebensmittelpakete von Geschäften abzuholen, die nicht rechtzeitig verkauft wurden. So kannst du noch gut verzehrbare Lebensmittel zu einem geringeren Preis vor der Mülltonne bewahren.

### Gemeinsam essen

Dieser Tipp mag erst mal nach einem Widerspruch klingen – aber mehr Menschen brauchen nicht unbedingt mehr Zutaten für eine gemeinsame Mahlzeit, wenn ihr eure Reste zusammentragt und gemeinsam kocht. Mit einem Brokkoli in eurem Gemüsefach könnt ihr nicht euer Abendbrot bestreiten. Aber wenn die WG noch ihre Couscous- und Joghurtreste dazupackt, dann wird der Abend nicht nur netter, sondern auch leckerer!

**ANTI-PLEITE-CHECKLISTE:**

- [ ] festes Monatsbudget
- [ ] Angebote kaufen
- [ ] regionale und saisonale Lebensmittel
- [ ] Meal-Prep
- [ ] selbst kochen

# SATTMACHER-SALAT

*Sattmacher!* *Salate dürfen gerne mehr sein als eine Schüssel voller grüner Blätter. Dieser hier enthält dank Kichererbsen, Kartoffeln und Gemüse eine ordentliche Portion Kohlenhydrate, Ballaststoffe und Protein.*

**01** Den Ofen auf 200° (Umluft) vorheizen. Kichererbsen in ein Sieb abgießen, kurz abbrausen und abtropfen lassen. In einer Schüssel mit Salz, Pfeffer, Paprikapulver, Chili, Kreuzkümmel und 1 EL Olivenöl mischen. Auf einem mit Backpapier belegten Blech verteilen und im heißen Ofen (Mitte) ca. 25 Min. backen.

**02** Inzwischen die Kartoffeln und Möhren schälen und in mundgerechte Stücke schneiden.

**03** Die Kichererbsen mit dem Backpapier vorsichtig vom Blech ziehen. Einen neuen Bogen Backpapier aufs Blech legen, die Kartoffeln und Möhren darauf verteilen. 3 EL Olivenöl darübergeben und mit Salz und Pfeffer würzen. Alles im Ofen ca. 20 Min. backen, dabei gelegentlich wenden.

**04** Den Knoblauch schälen und fein schneiden, die Zitrone auspressen. Beides mit dem Joghurt verrühren, salzen und pfeffern. Den Kopfsalat waschen und trocken schleudern.

**05** Zwei Teller mit Salatblättern auslegen. Das Gemüse und die Kichererbsen darauf verteilen und mit Joghurtdip servieren.

---

**Zubereitung
35 Min.**

**Backen 45 Min.**

**ZUTATEN FÜR
2 PERSONEN:**

1 Dose Kichererbsen (240 g Abtropfgewicht)
Salz | Pfeffer
1 TL Paprikapulver
1 Msp. Chilipulver
1 TL gemahlener Kreuzkümmel
2 EL Olivenöl
250 g festkochende Kartoffeln
200 g Möhren
1 Knoblauchzehe
½ Zitrone | 100 g Joghurt
3 große Blätter Kopfsalat

**Pro Portion ca. 360 kcal
12 g EW, 14 g F, 43 g KH**

# GRÜNE BOHNEN MIT TOMATE

## Zubereitung 30 Min.

## ZUTATEN FÜR 2 PERSONEN:

1 Zwiebel
500 g Tomaten
125 g Reis
2 EL Olivenöl
25 g Kritharaki (griechische Reisnudeln)
600 ml Gemüsebrühe
1 Lorbeerblatt
300 g TK-grüne-Bohnen
Salz | Pfeffer

**Pro Portion ca. 532 kcal**
**20 g EW, 13 g F, 81 g KH**

*Vitamine!* *TK-Gemüse kannst du günstig in großen Mengen und auf Vorrat kaufen. Weil es direkt vor Ort schockgefrostet wird, bleiben Vitamine und Mineralstoffe optimal erhalten.*

**01** Zwiebel schälen und fein würfeln. Tomaten waschen, halbieren, vom Stielansatz befreien und grob würfeln. Reis in einem Sieb unter kaltem Wasser abspülen und abtropfen lassen.

**02** 1 EL Olivenöl in einem Topf erhitzen, Reisnudeln und Reis darin unter Rühren ca. 2 Min. anrösten. Mit 300 ml Gemüsebrühe aufgießen. Lorbeerblatt hineingeben. Alles einmal aufkochen und abgedeckt bei schwacher Hitze ca. 10 Min. garen.

**03** Zwiebel in 1 EL Olivenöl glasig dünsten. Bohnen und Tomaten kurz mitdünsten, 300 ml Gemüsebrühe angießen, salzen und pfeffern. Ca. 10 Min. köcheln lassen. Bohnen mit Reis servieren.

# SMASHED POTATOES MIT KRESSESCHMAND

*Sattmacher!* Kartoffeln sind ein günstiges Lebensmittel und damit perfekt für Pleitetage geeignet. Langweilig wird es trotzdem nicht auf dem Teller: Die Smashed Potatoes werden großartig knusprig und backen sich noch dazu fast von selbst.

**01**  Backofen auf 200° vorheizen. Die Kartoffeln gründlich waschen, in einem Topf mit Wasser bedeckt in ca. 20 Min. weich kochen. Abgießen, kurz ausdampfen lassen und anschließend auf einem mit Backpapier belegten Blech verteilen.

**02**  Die Kartoffeln mit einem Kartoffelstampfer oder einem Frühstücksbrettchen platt drücken. Olivenöl über die Kartoffeln träufeln und alles mit Salz und Pfeffer würzen. Dann im heißen Ofen in 15–20 Min. knusprig backen.

**03**  Inzwischen den Schmand mit Joghurt verrühren. Mit Salz und Pfeffer würzen. Die Kresse mit einer Schere vom Beet schneiden. Kartoffeln mit Joghurtschmand und Kresse servieren.

---

**Zubereitung 20 Min**

**Garen 20 Min.**

**Backen 20 Min.**

**ZUTATEN FÜR 2 PERSONEN:**

750 g vorwiegend festkochende Kartoffeln

4 EL Olivenöl

Salz | Pfeffer

200 g Schmand

150 g Joghurt

1 Kästchen Kresse

**Pro Portion ca. 710 kcal 15 g EW, 47 g F, 80 g KH**

*Dazu passt ein
grüner Salat.*

*Dazu passt ein Spiegelei!*

# BROKKOLI-COUSCOUS-PFANNE

*Einfach!* *Einfacher geht's nicht - fünf Zutaten werden in fünf Schritten ohne viel Aufwand zu einem superleckeren Gericht zusammengeführt. Es lässt dich den puren Geschmack genießen und zeigt, wie einfach man sich mit wenigen Zutaten versorgen kann.*

01 Die Gemüsebrühe aufkochen und vom Herd nehmen. Den Couscous einstreuen, einmal umrühren und abgedeckt ca. 10 Min. quellen lassen.

02 Die Zwiebel schälen und fein würfeln. Den Brokkoli waschen und in Röschen teilen, den Stiel schälen und würfeln. Die Zitrone heiß waschen und abtrocknen, 1 TL Zitronenschale abreiben, den Saft auspressen. Die Mandeln grob hacken.

03 Reichlich Salzwasser aufkochen und den Brokkoli darin in ca. 2 Min. bissfest blanchieren. Dann sofort eiskalt abschrecken, in ein Sieb abgießen und abtropfen lassen.

04 Das Öl in einer großen Pfanne erhitzen. Zwiebel und Mandeln darin goldbraun braten. Couscous, Erbsen, Brokkoli zugeben und ca. 2 Min. mitbraten. Vor dem Servieren alles mit Salz, Pfeffer, Zitronenschale und Zitronensaft abschmecken.

---

**Zubereitung 30 Min.**

**ZUTATEN FÜR 4 PERSONEN:**

250 ml Gemüsebrühe
125 g Couscous
1 Zwiebel
½ Brokkoli (250 g)
½ Bio-Zitrone
50 g Mandeln
Salz | Pfeffer
2 EL neutrales Öl
150 g TK-Erbsen

**Pro Portion ca. 565 kcal**
**22 g EW, 24 g F, 63 g KH**

Mit Vollkorn-
Reis servieren.

# SPINAT-LINSEN-DAL

*Proteinreich!* Hülsenfrüchte wie Linsen sind tolle Liefe-ranten für Nährstoffe, Proteine und Ballaststoffe und machen lange und nachhaltig satt. Ideal, wenn gerade nicht mehr ganz so viel im Portemonnaie übrig ist.

01  Die Gemüsebrühe aufkochen. Die Linsen hineingeben und bei schwacher Hitze in ca. 15 Min. weich kochen, dabei immer mal wieder mit einem Löffel umrühren.

02  Zwiebel, Knoblauch und Ingwer schälen und fein würfeln. Das Öl in einer Pfanne erhitzen. Zwiebel, Knoblauch und Ingwer da-rin ca. 5 Min. goldbraun braten. Currypulver und Tomatenmark dazugeben und ca. 2 Min. mitbraten.

03  Den Zwiebelmix zu den fertig gekochten Linsen geben und alles noch mal aufkochen. Dann das Dal mit Salz und ein paar Sprit-zern Zitronensaft abschmecken.

04  Den Spinat verlesen, waschen und trocken schleudern. Kurz vor dem Servieren unter das Dal rühren.

---

**Zubereitung
25 Min.**

**ZUTATEN FÜR
2 PERSONEN:**

600 ml Gemüsebrühe

200 g rote Linsen

1 Zwiebel

1 Knoblauchzehe

1 Stück Ingwer (3 cm)

3 EL neutrales Öl

1 EL Currypulver

1 EL Tomatenmark

Salz

1 EL Zitronensaft

300 g Baby-Blattspinat

**Pro Portion ca. 580 kcal
32 g EW, 18 g F, 69 g KH**

# ROTE-BETE-PASTA

*Herbstlich!* *Regional gekauftes Gemüse der Saison ist meist günstiger als Importware. Wer dann noch weiß, was man mit den ganzen Knollen im Winter anfangen soll, kann sich auf leckere Gerichte freuen.*

<table>
<tr><td>
Zubereitung<br>25 Min.

ZUTATEN FÜR<br>2 PERSONEN:

200 g Rote Bete<br>
1 Zwiebel<br>
1 EL neutrales Öl<br>
250 ml Gemüsebrühe<br>
1 Msp. getrockneter Thymian<br>
200 g Nudeln (z. B. Penne)<br>
Salz | Pfeffer<br>
1 TL Weißweinessig<br>
geriebener Parmesan (nach<br>
Belieben)

Pro Portion ca. 510 kcal<br>
15 g EW, 8 g F, 85 g KH
</td></tr>
</table>

**01** Die Rote Bete schälen und raspeln (dabei am besten Einmalhandschuhe tragen). Die Zwiebel schälen, halbieren und in feine Streifen schneiden.

**02** Das Öl in einem Topf erhitzen. Die Zwiebel darin glasig anbraten. Die Rote Bete dazugeben und ca. 2 Min. mitbraten. Mit Gemüsebrühe aufgießen, den Thymian dazugeben und alles ca. 15 Min. bei schwacher Hitze und geschlossenem Deckel garen. Dabei gelegentlich umrühren.

**03** Inzwischen die Nudeln nach Packungsanweisung in reichlich Salzwasser bissfest kochen und durch ein Sieb abgießen.

**04** Wenn die Rote Bete gar ist, mit Essig, Salz und Pfeffer abschmecken und die Nudeln dazugeben. Alles durchmischen und sofort mit Parmesan servieren.

Superpleite?
Parmesan gibt
es auch in
kleinen Packs.

Veggies nehmen
statt Speck
Räuchertofu

# FLAMMKUCHEN

*Flammkuchen-Party!* *Nur weil du gerade etwas knapp bei Kasse bist, musst du ja nicht allein essen: Lad die WG zum Flammkuchen-Essen ein und alle dürfen ihre Lieblingsbeläge mitbringen. Da gibt es bestimmt die eine oder andere Überraschung!*

**01** Das Mehl mit ½ TL Salz, Öl und 125 ml lauwarmem Wasser in einer Schüssel verkneten. Auf eine bemehlte Arbeitsfläche geben und nochmals ca. 5 Min. kräftig durchkneten. Die Schüssel über den Teig stülpen und ca. 30 Min. ruhen lassen.

**02** Den Kürbis waschen, halbieren, entkernen und mit dem Sparschäler in dünne Streifen schneiden (die Schale des Hokkaido-Kürbis ist essbar und muss nicht entfernt werden).

**03** Die Zwiebeln schälen und in feine Ringe schneiden. Den Thymian waschen und trocken schütteln.

**04** Den Ofen auf 220° (Umluft) vorheizen. Den Teig inzwischen in vier Portionen teilen und auf der bemehlten Arbeitsfläche zu dünnen Flammkuchenböden ausrollen. Diese vorsichtig auf zwei Bögen Backpapier legen.

**05** Die Böden mit Schmand bestreichen, dann Kürbis, Zwiebeln und Speck darüber verteilen. Von den Thymianstängeln die Blättchen abstreifen und über die Flammkuchen streuen. Zuletzt alles mit Salz und Pfeffer würzen.

**06** Die Flammkuchen nacheinander mit dem Papier auf ein Backblech ziehen. Im heißen Ofen (Mitte) ca. 12 Min. backen, bis die Ränder leicht zu bräunen beginnen.

---

**Zubereitung
20 Min.**

**Gehen 30 Min.**

**Backen 25 Min.**

**ZUTATEN
FÜR 4 FLAMMKUCHEN:**

300 g Mehl

Salz | Pfeffer

2 EL Rapsöl

½ Hokkaido-Kürbis (250 g)

2 rote Zwiebeln

4 Stängel Thymian

200 g Schmand

100 g Speckwürfel

**AUSSERDEM:**

Mehl zum Arbeiten

**Pro Portion ca. 555 kcal
18 g EW, 24 g F, 67 g KH**

# WEISSKOHL MIT FETA UND OFENKARTOFFELN

*Einfach!* Kohl ist erstens ein supergünstiges Lebensmittel und zweitens fast immer regional erhältlich. Das sind gleich zwei Argumente für dieses unkomplizierte und leckere Rezept.

**01** Den Backofen auf 200° vorheizen. Die Kartoffeln gründlich waschen und in Spalten schneiden. Die äußeren Blätter vom Kohl entfernen, dann den Kohl mit Strunk in 8–10 ca. 2 cm breite Spalten schneiden, sodass die Stücke unten zusammenhalten.

**02** Kartoffeln und Kohl auf einem mit Backpapier belegten Backblech verteilen. Mit Salz, Pfeffer und Rosmarin würzen, dann Olivenöl darüberträufeln. Alles im heißen Ofen ca. 20 Min. backen. Dabei zwischendurch einmal wenden.

**03** Inzwischen die Tomaten waschen und halbieren. Nach ca. 20 Min. das Blech aus dem Ofen nehmen. Die Tomaten auf dem Blech verteilen, den Feta grob darüberbröckeln, die Kräuter darüberstreuen und alles nochmals ca. 10 Min. backen. Herausnehmen und servieren.

---

**Zubereitung
25 Min.
Backen 30 Min.**

**ZUTATEN FÜR
2 PERSONEN:**

500 g Kartoffeln
½ Weißkohl (800 g)
Salz | Pfeffer
½ TL getrockneter Rosmarin
6 EL Olivenöl
200 g Kirschtomaten
150 g Schafskäse (Feta)
½ EL gemischte Kräuter
(getrocknet oder TK)

**Pro Portion ca. 710 kcal
26 g EW, 44 g F, 55 g KH**

Schmeckt auch
super mit
Rotkohl!

MUST HAVES

AN
HANG

# BAUKASTEN VORRATSSCHRANK

*Der Heilige Gral, die Gaben des WG-Gottes oder einfach nur die Rettung in der Not: Das sind alles Bezeichnungen für den Vorratsschrank – alle ziemlich zutreffend.*

Spontaner Besuch, keine Zeit einzukaufen, die verpassten Öffnungszeiten des Supermarkts oder ein fast leeres Konto – ein gut angelegter Lebensmittelvorrat ist in vielen Situationen ein echter Lebensretter. Man kann spontan reagieren und trotzdem etwas Leckeres auftischen. Hier findest du Ideen, welche Lebensmittel du gut längere Zeit zu Hause aufbewahren kannst:

*Ein sauberer Vorrat ist das A und O.*

---

**TROCKENWARE**

Nudeln

Reis

Haferflocken

Bulgur, Couscous, Grieß

Buchweizen, Quinoa, Amaranth

Linsen, Erbsen, Kichererbsen, Bohnen

Gemüsebrühe

Nüsse

Trockenfrüchte

Knäckebrot

Tee / Kaffee

---

**FLÜSSIGKEITEN**

Öl
(für hohe Temperaturen: raffiniertes Rapsöl; für mittlere Temperaturen: natives Rapsöl, Olivenöl; für die kalte Küche: Leinöl, Kürbiskernöl)

Essig

Sojasauce
(natriumreduziert)

## GEMÜSE

Kartoffeln
(dunkel & kühl gelagert
mehrere Monate haltbar)
Knoblauch, Zwiebeln
(trocken & kühl gelagert
bis zu 6 Monate haltbar)
Tomaten (Dosen,
passiert, Mark)
Konserven aller Art

## TIEFKÜHLWARE

Gemüse
(Spinat, Brokkoli, Erbsen,
Bohnen ...)
Obst & Beeren
(ohne Zuckerzusatz)
Brot
(1–3 Monate haltbar)
frisches Obst
(6–12 Monate haltbar)
frische Kräuter
(8–10 Monate haltbar)

- Am besten Vollkorn-Produkte lagern, sie sind aufgrund ihres höheren Nähr- und Ballaststoffgehalts zu bevorzugen.
- Die meisten in Flüssigkeit eingelegten Produkte werden u. a. durch hohe Zusätze an Salz, Zucker oder Konservierungsstoffen haltbar gemacht. Konserven sollten also auf keinen Fall den Verzehr frischer Lebensmittel ersetzen.
- Damit keine bösen Überraschungen wie Schimmel oder Schädlinge in deinen Schränken lauern, achte auf eine trockene Lagerung der Lebensmittel in fest verschließbaren Verpackungen. Sehr gut geeignet sind Gläser mit zusätzlichen Dichtungen.
- Vermeide eine übermäßige Ansammlung von Lebensmitteln, indem du nur so viele Lebensmittel im Vorratsschrank aufbewahrst, wie du auch regelmäßig verbrauchst. Fülle deinen Vorrat nur dann auf, wenn du darauf zurückgegriffen hast.

# LEBENSMITTEL-AUSTAUSCHLISTEN

*Dass man verschiedene Sorten an Blattsalat ohne Probleme untereinander austauschen kann und im Beeren-Müsli Himbeeren genauso gut schmecken wie Heidelbeeren, können wir alle intuitiv schon ganz gut einschätzen – darüber hinaus halten sich aber viele doch lieber an die genauen Angaben eines Rezepts. Sicher ist sicher …*

Aber was, wenn eine Zutat aktuell keine Saison hat, sie schlichtweg ganz schön teuer ist oder wir erst unsere Reste von zu Hause verwerten wollen?

Um Lebensmittel problemlos in einem Rezept gegeneinander austauschen zu können, müssen sie hauptsächlich in ihrer Konsistenz übereinstimmen und einander geschmacklich ähneln. Natürlich wird man mit einer anderen Zusammenstellung nie exakt das Geschmackserlebnis kreieren, welches der Autor des Rezepts im Sinn hatte, aber neue Kreationen machen Spaß und können den Portionspreis maßgeblich beeinflussen.

Hier findest du Lebensmittelgruppen, innerhalb derer du Lebensmittel gut durchtauschen kannst. Die Reihenfolge entspricht der Rangfolge ihrer durchschnittlichen Bepreisung, dementsprechend findest du die kostengünstigste Variante am Anfang der jeweiligen Aufzählung, weiter hinten wird es teurer.

## HÜLSENFRÜCHTE

→ weiße Bohnen, schwarze Bohnen, rote Linsen, Kidneybohnen, braune Linsen, Kichererbsen, Sojabohnen, Belugalinsen, Feuerbohnen, Lupinen, Erbsen, grüne Bohnen, Zuckererbsen

→ Es gibt häufig Unterschiede in der Garzeit der verschiedenen Lebensmittel, es bietet sich hier immer an, bei Abwandlungen von Rezepten die Garzeiten durch Probieren zu überprüfen.

*Bunt ist gesund! Bring Abwechslung auf den Teller.*

## GEMÜSE

→ Kartoffel, Möhre, Rote Bete, Knollensellerie, Rübe, Süßkartoffel, Kürbis, Wurzelpetersilie, Topinambur, Pastinake

→ Blattgemüse: TK-Spinat, Mangold, Blattspinat, Grünkohl, Pak Choi, Baby-Blattspinat

→ Lauchgemüse: Zwiebeln, Schalotten, Frühlingszwiebeln, Lauch

→ knackige Gemüsebeilage: Kohl, Kohlrabi, Paprika, Brokkoli, Staudensellerie, Spargel (grün), Zuckerschoten

→ Rohkost: Möhre, Kohlrabi, Gurke, Paprika, Radieschen, Zuckerschoten

→ Gemüse mit hohem Wasseranteil: Blumenkohl, Aubergine, Pilze, Spargel

## GETREIDEPRODUKTE

→ Kartoffeln, Reis, Nudeln, Couscous, Bulgur, Buchweizen, Quinoa, Amaranth

## MILCHPRODUKTE

→ Sauermilchprodukte: Buttermilch (Sauerrahm), saure Sahne, Quark, Crème fraîche, Schmand

→ Quark, Hüttenkäse, Frischkäse, Ricotta, Mascarpone, Feta

## FLÜSSIGKEITEN

→ sauer: Essig, Zitronensaft, Limettensaft

## NÜSSE UND SAMEN

→ generell: Sonnenblumenkerne, Mandeln, Cashewkerne

→ mit intensivem Eigengeschmack: Erdnüsse, Sesam, Kürbiskerne, Haselnüsse, Walnüsse, Pistazien, Pinienkerne

# REGISTER

# Vegetarische Gerichte

# DIE WERDEN SIE AUCH LIEBEN.

ISBN 978-3-8338-7833-6

ISBN 978-3-8338-8492-4

ISBN 978-3-8338-8254-8

ISBN 978-3-8338-2387-9

ISBN 978-3-8338-3339-7

ISBN 978-3-8338-7548-9

 Auch als eBook erhältlich.

Mehr von GU auf **www.gu.de** und  **facebook.com/gu.verlag**

## LIEBE LESERINNEN UND LESER,

wir wollen Ihnen mit diesem Buch Informationen und Anregungen geben, um Ihnen das Leben zu erleichtern oder Sie zu inspirieren, Neues auszuprobieren. Wir achten bei der Erstellung unserer Bücher auf Aktualität und stellen höchste Ansprüche an Inhalt und Gestaltung. Alle Anleitungen und Rezepte werden von unseren Autoren, jeweils Experten auf ihren Gebieten, gewissenhaft erstellt und von unseren Redakteur*innen mit größter Sorgfalt ausgewählt und geprüft.

Haben wir Ihre Erwartungen erfüllt? Sind Sie mit diesem Buch und seinen Inhalten zufrieden? Wir freuen uns auf Ihre Rückmeldung. Und wir freuen uns, wenn Sie diesen Titel weiterempfehlen, in Ihrem Freundeskreis oder bei Ihrem Online-Kauf.

Sollten wir Ihre Erwartungen so gar nicht erfüllt haben, tauschen wir Ihnen Ihr Buch jederzeit gegen ein gleichwertiges zum gleichen oder ähnlichen Thema um.

## KONTAKT ZUM LESERSERVICE

GRÄFE UND UNZER VERLAG
Grillparzerstraße 12
81675 München
www.gu.de

Ein Unternehmen der
GANSKE VERLAGSGRUPPE

# IMPRESSUM

© 2022 GRÄFE UND UNZER VERLAG GmbH, Postfach 860366, 81630 München

GU ist eine eingetragene Marke der GRÄFE UND UNZER VERLAG GmbH, www.gu.de

ISBN 978-3-8338-8700-0
1. Auflage 2022

Projektleitung: Nathalie Künzl
Lektorat: Melanie Haizmann
Bildredaktion: Nafsika Mylona
Umschlaggestaltung und Layout: ki36 Editorial Design, Sabine Krohberger, München
Herstellung: Susanne Fuhrmann
Satz: Lydia Geißler
Repro: Longo AG, Bozen
Druck & Bindung: F&W Druck- und Mediencenter GmbH, Kienberg

Die GU-Homepage finden Sie unter www.gu.de

Umwelthinweis:
Nachhaltigkeit ist uns sehr wichtig. Der Rohstoff Papier ist in der Buchproduktion hierfür von entscheidender Bedeutung. Daher ist dieses Buch auf PEFC-zertifiziertem Papier gedruckt. PEFC garantiert, dass ökologische, soziale und ökonomische Aspekte in der Verarbeitungskette unabhängig überwacht werden und lückenlos nachvollziehbar sind.

Bildnachweis:
Adobe Stock: S. 16-17, S. 25, S. 33, S. 75, S. 91
Coco Lang, München: S. 2-5, S. 8-9, S. 34-35, S. 38-53, S. 56-73, S. 76-89, S. 92-109, S. 112-123, S. 126-139, S. 142-160
Getty Images: S. 141
iStock: S. 21-23, S. 27-28, S. 31-32, S. 37, S. 111, S. 125, Pizzakarton-Hintergrund S. 6-7, S. 36, S. 54, S. 74, S. 90, 110, S. 124, S. 140, S. 158-161
ki36 Editorial Design, Sabine Krohberger, München: S. 6, S. 10-12, S. 15, S. 55
Shutterstock: S. 19, S. 54, S. 140
StockFood: S. 29
The Noun Project: S. 12, S. 26, S. 36, S. 74, S. 90, S. 110, S. 124, Map-Marker-Icon bei den Rezepten

Syndication: www.seasons.agency

Die Autor*innen:
Sophie Jurtz, Isabel Lammert, Antonia Möse, Maximilian Blochberger-Claus und Friedrich Freiesleben studier(t)en Ernährungstherapie und -beratung an der SRH Hochschule für Gesundheit. Unter der Leitung von Prof. Dr. Dorothea Portius haben sie dieses Buch verfasst. Es soll jungen Menschen den Einfluss unseres Essens auf die körperliche und geistige Gesundheit zeigen. Mit Erfahrungen aus ihrem Studentenleben geben sie wertvolle Tipps und gesunde Rezepte für jede (studentische) Lebenslage mit auf den Weg.

Die Fotografin:
Coco Lang fotografiert Food und Stills in ihrem Werkstattstudio direkt am Münchner Viktualienmarkt. Zusammen mit Julia Skowronek (Foodstyling) hat sie für dieses Buch die Fotos stimmungsvoll in Szene gesetzt und inhaltlichen Support geleistet.